失敗から学ぶ
サッカー審判の教科書

しくじり審判

元日本サッカー協会
審判チーフインストラクター
小幡真一郎
編著

KANZEN

先人たちの失敗を知り、
理解することは
自分自身の成長につながる

はじめに

スポーツのゲームは「相手」「ルール」「審判」によって成り立っていると言われ、審判はそのスポーツの魅力をも左右する重要なポジションです。われわれサッカーの審判もサッカーの発展のため、先輩たちが築いてこられた審判文化を引き継ぎ、審判の役割を自覚し、その魅力に引き寄せられ、やりがいを感じてやってきました。

審判をやってきて、いくら年を重ねても仲間と集まって話すことは現役時代の思い出です。今は審判指導者となり、難しい顔をして教えていますが、心の中では「自分のほうがもっとすごい失敗をしたなぁ」と思っています。だからこそ、失敗を乗り越えてほしい——。そんな思いを何とか伝えられないかと考えていました。

そして、多くのサッカー仲間に「審判の見ていること、考えていること、やっていること」などを知ってもらい、サッカーの新たな楽しみを発見してもらう。同時に、これから審判を目指す人、より高いレベルを目指す人に役立ててもらうには、どうすればよいかを思案しました。そこでたどりついたのが、自分たちの失敗を中心とした経験談やエピソードをまとめた書籍を出せないか、というものでした。

１９９３年、Ｊリーグの誕生とともに日本のサッカーが大きく変動し、世界に挑んだ時代において、他の職業に就きながら審判に関わり、人生の多くを審判活動に捧げ、酸いも甘いも知り尽くした〝生き証人〟たちが数々のエピソードを披露しています。当時はインターネットもなく、テレビの地上波中継かワイドショー、新聞で取り上げられるくらいでしたが、社会的に大きな注目を浴びていました。あのとき語られなかった思いを裏話として知っていただけたらと思います。

周知のように、失敗やエピソードから学ぶことは少なくありません。失敗を怖がったり、責めたりすれば成長などあり得ないと言われています。第1章では、こうした失敗から自分に何を問いかけ、次に同じ失敗をしないようにどのようなことを考えたのかを綴《つづ》っています。

第2章では、レフェリングに関するレクチャーを展開しています。審判の専門性や高度な技術について、あるいは主審と副審の特性や身につけたい資質・学び方などについて、そしてそれぞれの個別的な奥深さや魅力について触れています。さらに第3章では、日本代表としても長年活躍された都並敏史氏との対談で、Jリーグ開幕前後における選手と審判の関係、選手と指導者の立場から見たよりよいレフェリングについて言及いただいています。

コロナ禍でいろいろな制限がありますが、その中でも楽しみを見つけ、本書を読んで「自分にも審判ができそうだ」と思ってもらえることが喜びです。今の時代、情報や映像はいつでも、誰でも探すことが簡単になりましたが、人の想いを知ることはなかなかありません。審判関係者だけではなく、本書を手に取っていただいた方々には、人々のさまざまな〝熱〟に触れ、笑って、そして元気になってもらえたらと思います。

そして、サッカー仲間や次の世代に「審判って面白いよ」と伝えていただければ大変うれしいです。

小幡真一郎

目次

第1章について

第1章は審判員によるエピソードが2〜6ページで収録されている。各要素は以下の通り。

2ページバージョン

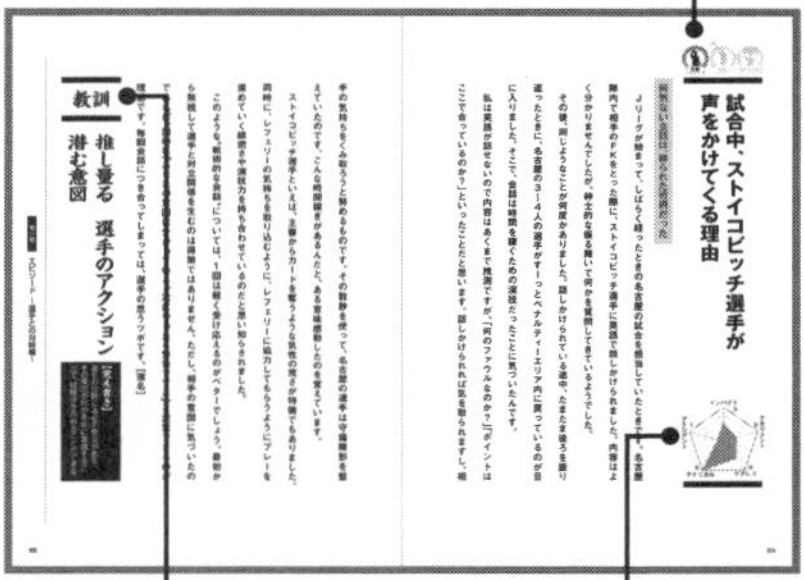

4ページ　(6ページ) バージョン

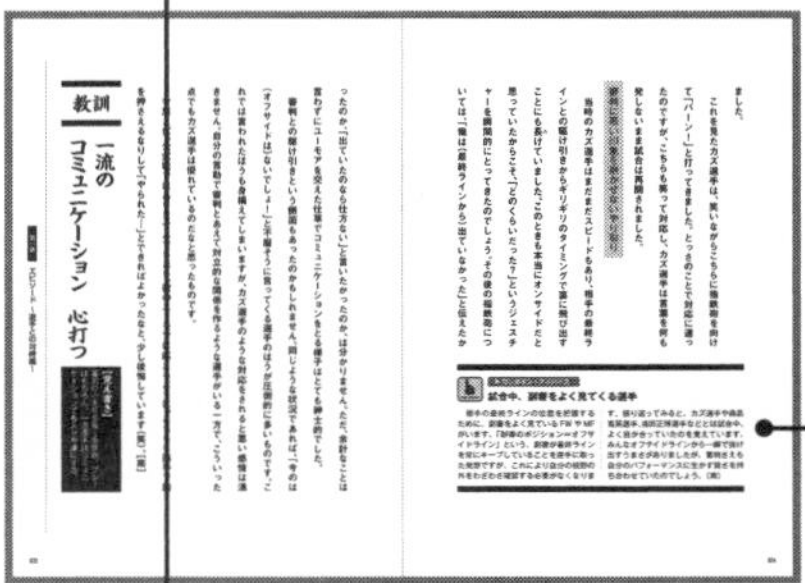

アイコン

「主審」「副審」「4審・その他」の3つがあり、該当するものが強調されている

レーダーチャート

5つの項目について5段階評価したもの

- インパクト…衝撃度、話題性
- マネジメント…選手やサポーターに関するトラブル度
- ケアレス…うっかり度
- テクニカル…その場の対応の難易度（主にレフェリングスキルの発揮において）
- アクシデント…不運度

試合情報

試合が行われた日程、対戦カード、スコア、審判員、エピソード場面の概要

＊副審については、左から副審1、副審2の順。また4審については、「第4の審判員」の名称がJリーグで採用されたのは2000年からであり、それまでは「予備審」の名称が用いられていたが、本欄ではすべて4審で統一

トピックス

エピソードに関連する話題をまとめたもの。エピソードの当事者による補足、編著者である小幡氏の解説などで構成

教訓

エピソードからの学びや当時の心境・状況などを川柳にしたもの

＊エピソードに出てくるクラブ名、選手名は基本的に当時のものを掲載

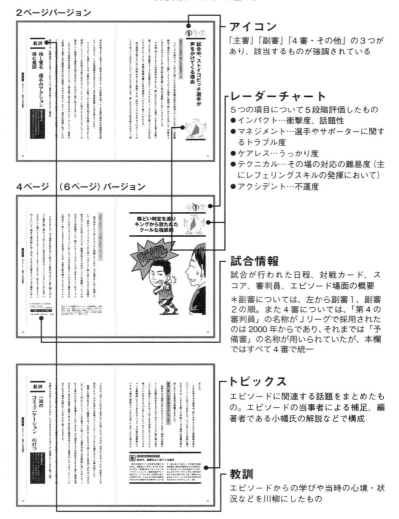

本書に出てくる主な審判用語

アセッサー
審判員の審判ぶりを評価し、指導する任務を担っている審判指導者

規律委員会
選手やチーム役員などの規律に関わる案件を調査、審議し、懲罰を決定する機関

ジェスチャー
主審またはその他の審判員が行う主に手による合図であり、コミュニケーションをとるための手段

シグナル
主審またはその他の審判員が行う審判をする上で決められた合図。通常は手や腕もしくは旗を動かし、または笛を用いる

審判委員会
競技規則の解釈と適用および審判員・審判指導者に関わる規程・案件を審議、決定する機関

SPA スパ
stop a promising attack の頭文字をとった略語。相手の大きなチャンスとなる攻撃の妨害または阻止

対角線式審判法
主審がフィールドの対角線を軸に幅広く動いて、プレーを主審と副審が挟んで異なる角度から監視する審判法（**図**）

DOGSO ドグソ
denying an obvious goal-scoring opportunity の頭文字をとった略語。決定的な得点の機会の阻止

フィールドインスペクション
マッチコミッショナー、審判員、運営責任者がゲーム前にフィールドの施設・用具・ラインなどを点検し確認すること

副審１・副審２
定められている担当エリアは図の通り

フラッグアップ
副審が主審を援助するために旗を上げること

マッチコミッショナー
ゲームを統括する立場にあり、ゲーム・審判・運営などを評価する会場の総責任者

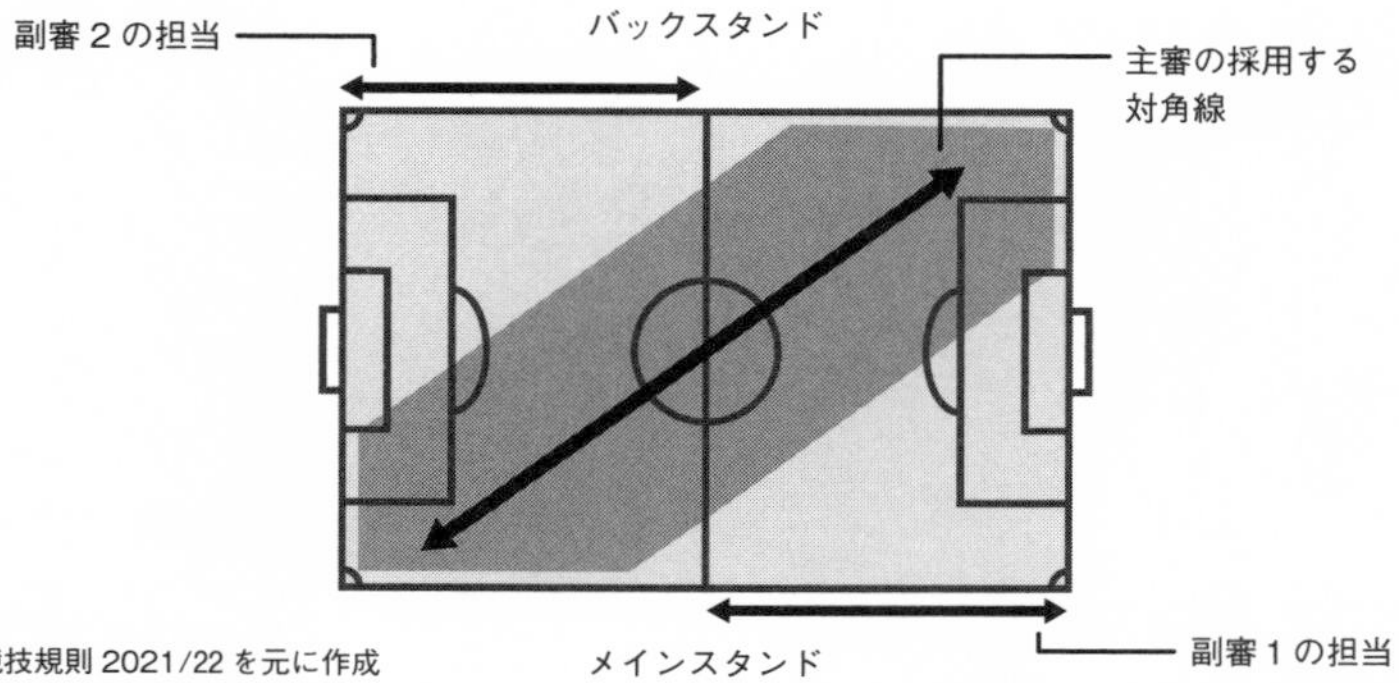

競技規則 2021/22 を元に作成

第1章

エピソード

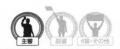

世界的名選手に イエローカードを奪われ 逆に提示される！

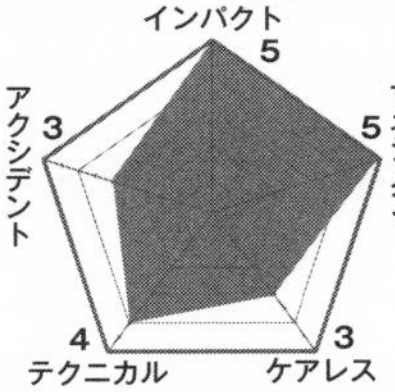

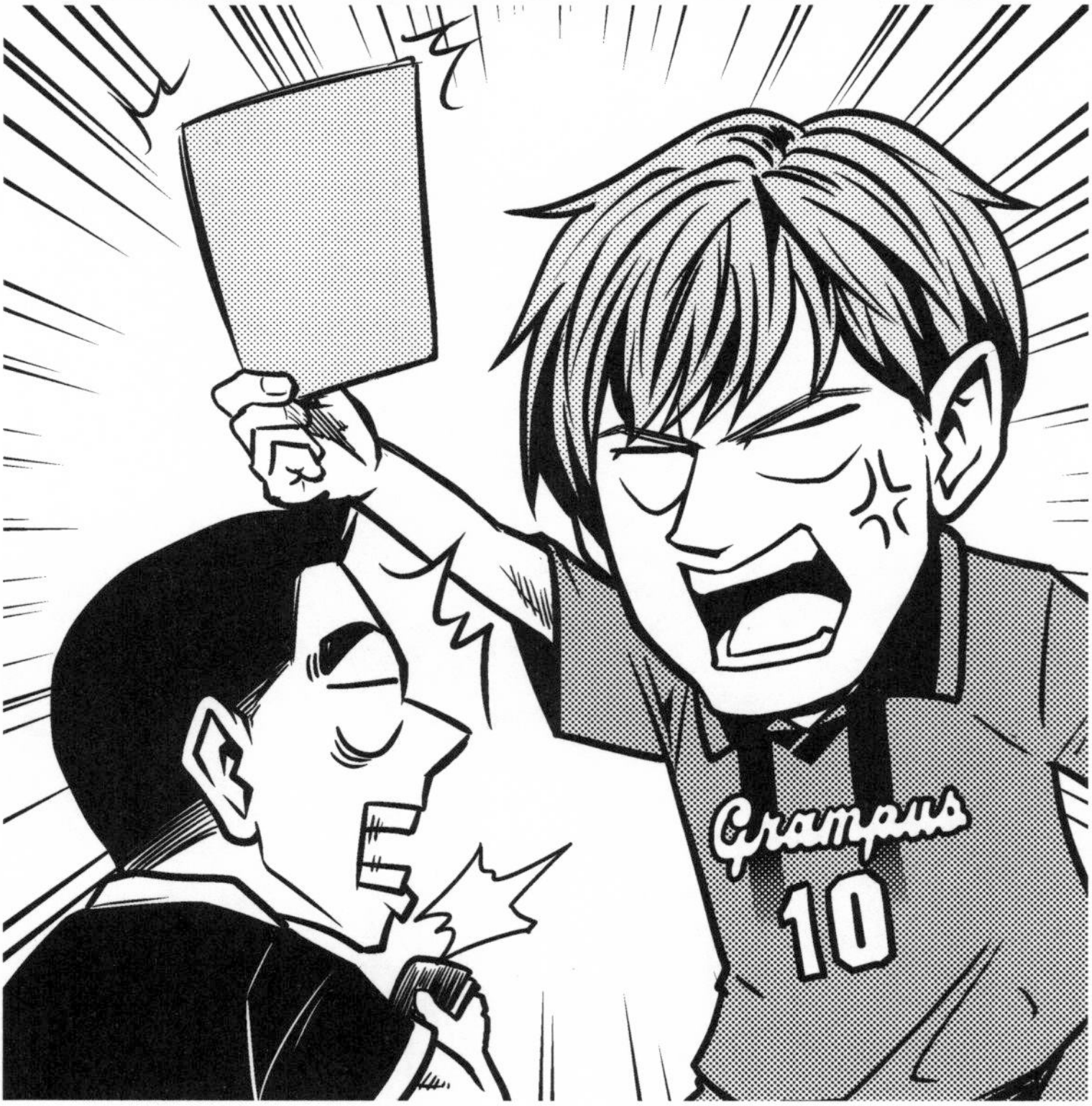

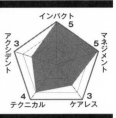

イエローから2分後、〝妖精〟再び怒れる

この試合、名古屋グランパスのストイコビッチ選手は前半16分にボールと関係のないところで相手DFにファウルを犯し、私はイエローカードを出していました。しかも、このカードで累積警告となり、次節の出場停止が決まっていました。この時点で彼を取り巻く状況はすでによいものではありませんでした。

おまけに、当時はチーム状況も悪かった。前年はベンゲル監督の下で2位でしたが、このファーストステージは18チーム中12位に終わっています。そうしたことも彼のメンタルやプレーに影響を及ぼしていたのかもしれません。結果的に、1枚目のカードを出した段階で「見に来た人は、あなたに最後までピッチにいてほしいと思っているよ」などと伝えて、フォローしておくべきでした。

その2分後、彼は相手陣内でドリブルを仕掛けたのですが、ゴールライン付近で相手二人に囲まれてボールを奪われてしまいます。しかも、会場の瑞穂陸

▶ MATCH & SCENE

1997年7月9日
Jリーグ 1st ステージ第14節（@瑞穂陸上競技場）

名古屋　0－1　横浜M

主審：小幡真一郎、副審：原田秀昭、恩氏孝夫
4審：菊池光悦

16分にファウルで警告を受けたストイコビッチ（名古屋）だったが、直後の18分にもラフプレーで2枚目のイエローカードを提示されると〝暴走〟。カードを奪い、主審の小幡氏に突きつけた（審判への著しい侮辱行為により4試合の出場停止処分）。

上競技場はゴールラインのすぐ外に（陸上競技のフィールド種目で使用するオールウェザーを覆うための）人工芝のシートが敷かれていて、そこに足が絡んでバランスを崩してしまったんです。そこでスイッチが入ったのか、猛然とボールを追いかけ、相手ＤＦの選手が前方にフィードしたあと明らかに遅れたタイミングで後ろから肩で体に当たりにいきました。

呆気に取られ、記憶になかった「強奪」

レイトチャージであり、しかも明らかに意図的なものとして映ったため、私は躊躇《ちゅうちょ》なく２枚目のイエローカードを出しました。

その直後に「事件」が起きるわけですが、実はあまりよく覚えていないんです。レッドカードを出すため、出したイエロ

ESSENCE

▶ レフェリングの本質

何のためにカードを出すのか

イエローカードは悪質なプレーであることを選手に伝えるための懲罰的な意味合いがどうしても含まれてしまいますが、選手の気持ちをプレーに向かわせるためのものでもあると考えています。今振り返ると当時の私は、イエローカードを出すことでストイコビッチ選手のイライラを収めようとしたのかもしれませんが、これではカードの意味は半減すると言えるでしょう。カードを出すことで選手のセルフコントロールによい影響を及ぼし、もう一度プレーに集中できるようなジェスチャーやコミュニケーションをとることも意識したいものです。（小幡）

ーカードを胸のポケットにしまおうとしたところをストイコビッチ選手に取られてしまうのですが、自分がカードを落としてしまい、彼に拾われてカードを出されたと思っていたくらいでした。呆気に取られていたというのが本当のところでしょうか。カードを出したあと選手がどんな反応を示すかまで考えていませんでしたし、ましてや世界的にも有名な選手がカードを奪いに来るなんて、あのときはまったく想像していませんでしたから(苦笑)。

でも、あとから彼の心境を想像すると分からないでもなかったんです。試合の映像を見返すと、彼がファウルを受けたときにカードが出てもよい状況であったにもかかわらず、私は出していなかった。「どうして自分だけ守られていないのか、悪者扱いされているのか」と彼が感じてしまうきっかけになってしまっていたのかもしれません。

イエローカードを突きつけられたあと、2度目の警告として私はすぐにレッドカードを提示しましたが、名古屋の選手から抗議を受けることもなく、試合はスムーズに再開しました。その後、試合が荒れることもありませんでした。

「あのあと、どうやってメンタルを保ったのか？」と聞かれることもあります。でも私は自分が落としたカードを取られたと思っているくらいでしたから、「自分の判定ミスではなかったよな？」とその後何度か自問自答した程度で、レフェリングに影響はありませんでした。常に「引きずらない」ことを信条にしていたのも大きかったと思います。その後はゲームをつぶさないようにすることだけを考えていました。

物理的な距離と心的な距離

実は、カードを奪われたことを知ったのは翌日なんです。試合後はおそらく周りが気を使って触れなかったのでしょう。メディアの報道で詳細を知り、自分のことながら「面白い」と思ってしまいました(笑)。

▶リバースアングルから

時代によって変わるマインド

Ｊリーグのスタート当時の映像を見ていると、主審のカードの出し方が今とはかなり異なることに気がつくと思います。当時はヨーロッパから複数のレフェリーを招き、実際に試合を担当しながら日本のレフェリーへの指導を行っていましたが、そこで要求されたのは毅然さなどの「強さ」の部分でした。「有名選手であろうと、外国人選手であろうと負けないように」とも言われていて、カードも権威的に掲げることが普通でした。今では選手との関係性を重視し、カードを出す際も積極的にコミュニケーションをとるシーンがよく見られます。（小幡）

珍プレーを扱うテレビ番組でも取り上げられたり、いろいろなところから雑音も入りましたが、「そりゃ言われるよな」という感覚でしたね。あらためて思ったのは、自分はやっぱり下手くそだなということです。まずは、カードを取られたという技術的な部分。選手との距離が近すぎたことで選手が直接手を出せる状況を作ってしまったのと、カードを出したあとも選手の反応を最後までみておく必要がありました。

もう一つは、主審として彼の中に入り込めていなかったこと。1枚目のカードを出したときに彼の心情をしっかりとくみ取っていれば、何らかのアクションがとれていたはずです。本人はもちろんのこと、ほかのチームメイトから彼をいさめるように働きかけることもできたでしょう。「選手との距離感」をよりいっそう学んだ一件でした。［小幡］

教訓

出してなお心を砕くカードかな

【覚え書き】
カードを出すときは選手との距離はもちろん、出したあとの選手のリアクションにも意識を払いたい。

選手と激しく衝突！薄れる記憶の中で走り切った90分

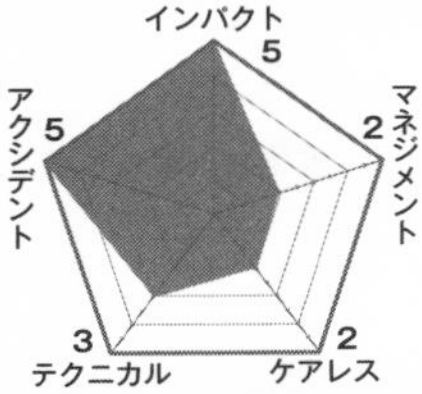

アゴ付近に何かがすごいスピードで飛んできた

記憶がほとんどないんです。覚えているのは、セレッソ大阪の攻撃になったのでハーフウェーライン付近から前に加速した瞬間、自分のアゴあたりに何かがすごいスピードで飛んできたことです。何かは分からないけれど本当に飛んできたような感じで、脳みそが揺れて、そこからよく覚えていないというか……。

頬が陥没したのか、というくらいの衝撃を受けました。気がついたら、目の前でセレッソの森島寛晃選手が倒れていました。自分も本当は膝まずきたいくらいの痛みと衝撃だったのですが、選手が倒れているのに、主審の自分が倒れるわけにはいかない。こんなふうに思ったのも覚えています。

あとから振り返ると、森島選手の頭と自分のアゴ付近が激しくぶつかったんだと思います。攻守が切り替わって、森島選手は方向転換してトップスピードに入ろうとしていたのではないでしょうか。

▶ MATCH & SCENE

1998年10月3日
Jリーグ 2ndステージ第9節（@長居）

C大阪　2－1　平塚

主審：田邊宏司、副審：南浩二、青木隆
4審：平野伸一

前半（おそらく）に主審の田邊氏と森島寛晃がインプレー中に激突。田邊氏は脳振とうを起こし、その後の記憶がほとんどない状態だったが主審を続行。大きなトラブルもなく試合は進み、C大阪が89分に決勝点を挙げて勝利している（森島は73分に交代）。

そのときは、「自分が痛いのに、なぜ森島選手が倒れているんだろう」と不思議でした。頬があまりに痛いのもあって、思わず「俺の頬、陥没していない？」と森島選手に聞いたのも覚えています。そうしたら立ち上がって「大丈夫ですよ」と返してくれました。

局面自体はインプレー中でした。どうにかボールを追いかけないといけない、プレーを止めないといけないと思ったことは覚えているのですが、とてもじゃないけれど、笛を吹ける状態ではありませんでした。不謹慎ながら、森島選手にプレーを止めるための笛を吹いてもらえないだろうかと思ったのも覚えています。

その後プレーが途切れて、森島選手から「大丈夫ですか？」と心配して声をかけてもらったのを最後に記憶がありません。途中、ベルマーレ平塚の呂比須ワグナー選手に「いつもはジャッジがち

▶ リバースアングルから

RIVERS ANGLE

副審を務めた南浩二氏の証言

「かなり昔のことなのでよく覚えていませんが、二人の激突は多分前半だったと思います。ピッチのほぼ中央、やや副審2寄り（バックスタンド側）だったでしょうか。激突の直後、田邊さんは少しふらついていましたが遠目からみた限りでは大丈夫なように感じました。倒れていた森島選手が立ち上がり、会話していたのを覚えています。その後、田邊さんは何事もなかったかのようにミスなくレフェリングを行い、走り自体もよかったと記憶しています。私とのコーポレーションも普段と変わりなかったので、試合後に記憶がないことが分かって驚きました」（南）

ゃんとしているのに、今日はおかしいです」と指摘されたような、されなかったような……。

試合後、会話の中で記憶がないことが発覚

試合後、アセッサーの方や副審・４審とのミーティングでいろいろと聞かれる中で、時間の感覚がずれていたことが分かりました。普段の自分は試合直後であれば、「このプレーは○分くらい、あのプレーは○分くらい」というようにある程度細かく覚えているのですが、このときはトンチンカンな受け答えをしていたようで、そこで「田邊さん、記憶がなかったんじゃないですか」となりました。

アゴから頬を強打したことで、脳振とうが起きたんだと思います。試合中の記憶がないから、走っていてしんどかったかどうかも分からない(笑)。ただただ、目の前のことに一生懸命だったのでしょう。スコアも、どんな内容だったかも、ましてや森島選手とぶつかったのが前半だったのか、後半だったのかさえも覚えていません。今振り返ると、こんな状態でよく90分間、笛を吹いて走ることができたなと思いました。誰かが代わりに主審をやったほうがよかったかもしれませんが、問題なく終わったのが何よりです。

今であれば、選手の脳振とうに対するガイドラインも定められているので、主審や副審についても4審などによって試合中にチェックすべき事案だと思いますが、当時はそういったこともなく、試合後に病院に行く考えもありませんでした。そのまま帰宅して、いつものように次の試合に備えました。

あらためて染みる森島選手の優しさ

記憶がほとんど残っていない中ではありますが、この件で一番印象に残っているのは森島選手の優しさです。そもそもあの場面で、私(主審)とぶつかったことが分かっていなかった可能性もあります。また分かっていたとしても、自分が倒れるほどの衝撃を受けていたわけですから、こちらに対して悪い印象を持つのも当然でしょう。「せっかくのチャンスだったのに、あなたが

▶ 競技規則などから

THE RULES

脳振とうが起きたら

2014年に日本サッカー協会はメディカル関係者向け情報として「サッカーにおける脳振とうに対する指針」を作成しています。選手を対象にしたものですが、審判に関してもこれに準じた対応が必要だと思います。このケースであれば、4審が主審を呼んで症状を確認したり、会場のドクターに診てもらうのが理想だったと言えます。今ではアセッサーやマッチコミッショナーにもこうした知識が必要でしょう。

試合中に主審がアクシデントで倒れたら、副審は旗を上げるなどして試合を止めるべきです。その後、ドロップボールで再開すれば問題ありません。(小幡)

いたせいで行けなかった」などと、被害者意識を持って責め立ててきても不思議ではありません。

試合中に記憶していたのか、あとから聞いたのかは定かではありませんが、あの激突をベンチでみていたセレッソの松木安太郎監督は、「主審が森島を倒した！」と非常に怒っていたそうです。選手をマネジメントする立場として、また勝利を目指す中である意味当然の感情だと思いました。

ところが、森島選手はそんな素振りを微塵も見せず、終始いたわりの態度で接してくれました。長い審判生活の中でも、こういった選手にはなかなか出会えません。あらためて感謝したいのと同時に、あのときぶざまに倒れて選手から「10カウント」を数えられなくて本当によかったなと思いました（笑）。［田邊］

教訓

揺れる脳　刻まれて
選手の優しさ

【覚え書き】

アクシデントの中でも気遣いを忘れない選手に感謝。また、脳振とうが起きたら無理をしないことも大切。

際どい判定を巡り キングから放たれた クールな指鉄砲

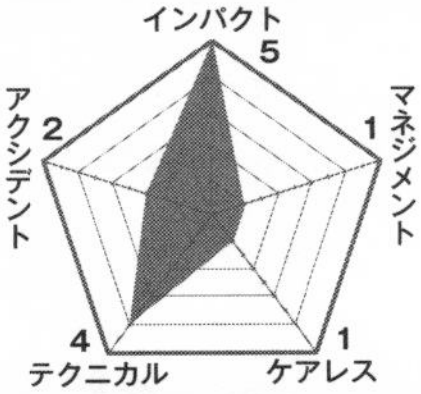

「どのくらい?」→「このくらい」→バーン!

前半30分くらいのことだったと記憶しています。三浦知良(以下、カズ)選手がFWで出場していて、相手ディフェンスラインから体一つ分くらい前に出ているような状態で味方のパスに反応したんです。副審の私からは25メートルくらいの距離で、ピッチの中央より手前側でした。際どいタイミングでしたが、自分もラインはキープできていたのでフラッグアップしました。そのまま抜けていればカズ選手はGKと完全に1対1になるような状況でしたが、主審が笛を鳴らしてオフサイドとなりました。

そのときです。カズ選手が私のほうに向かって両手を〝小さく前に倣《なら》え〟のように胸の前で揃え、「どのくらい(自分の体が)ディフェンスラインから出ていたのか?」と聞いてくるようなジェスチャーをとったのです。私も少し考えて「このくらい」と、両手で胸の前に30~40センチほどの幅をとってカズ選手に示し

▶ **MATCH & SCENE**

2000年10月22日
Jリーグプレシーズンマッチ(@島根県立)

広島 1−0 京都

主審:奥谷彰男、副審:南浩二、青木隆

AFCアジア杯開催に伴うJリーグ中断期間に、島根県立サッカー場のリニューアルを記念して行われた試合。前半、副審を務めた南氏がオフサイドとしてフラッグを上げた件を巡り、京都・三浦知良の指鉄砲が南氏に向かって〝発射〟された。

ました。

これをみたカズ選手は、笑いながらこちらに指鉄砲を向けて「バーン！」と撃ってきました。とっさのことで対応に迷ったのですが、こちらも笑って対応し、カズ選手は言葉を何も発しないまま試合は再開されました。

審判に悪い印象を抱かせないやり取り

当時のカズ選手はまだまだスピードもあり、相手の最終ラインとの駆け引きからギリギリのタイミングで裏に飛び出すことにも長《た》けていました。このときも本当にオンサイドだと思っていたからこそ、「どのくらいだった？」というジェスチャーを瞬間的にとってきたのでしょう。その後の指鉄砲については、「俺は（最終ラインから）出ていなかった」と伝えたか

▶ ワンポイントアドバイス

ONE POINT

試合中、副審をよくみてくる選手

相手の最終ラインの位置を把握するために、副審をよくみているFWやMFがいます。「副審のポジション＝オフサイドライン」という、副審が最終ラインを常にキープしていることを逆手に取った発想ですが、これにより自分の視野の外をわざわざ確認する必要がなくなります。振り返ってみると、カズ選手や森島寛晃選手、福田正博選手などとは試合中、よく目が合っていたのを覚えています。みんなオフサイドラインから一瞬で抜け出すうまさがありましたが、審判さえも自分のパフォーマンスに生かす賢さを持ち合わせていたのでしょう。（南）

ったのか、「出ていたのなら仕方ない」と言いたかったのか、は分かりません。ただ、余計なことは言わずにユーモアを交えた仕草でコミュニケーションをとる様子はとても紳士的でした。

審判との駆け引きという側面もあったのかもしれません。同じような状況であれば、「今のは（オフサイドは）ないでしょ！」と不服そうに言ってくる選手のほうが圧倒的に多いものです。これでは言われたほうも身構えてしまいますが、カズ選手のような対応をされると悪い感情は湧きません。自分の言動で審判とあえて対立的な関係を作るような選手がいる一方で、こういった点でもカズ選手は優れているのだなと思ったものです。

今思えば、公式戦ではありませんでしたし、彼のユーモアに応えるように、こちらも両手で胸を押さえるなりして「やられた……」とできればよかったなと、少し後悔しています（笑）。【南】

教訓

一流のコミュニケーション 心打つ

【覚え書き】
審判の心を打ち抜く指鉄砲。プレーはもちろん、一流選手はコミュニケーションでも人々を虜にする。

誰にカードを出すか迷っていた中で自己申告に救われる

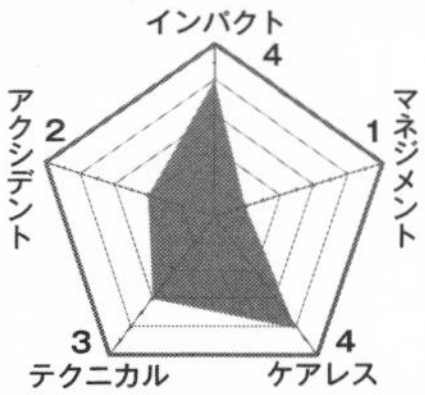

誰がファウルをしたか分からなくなった

試合後のアセッサーによるレポートにあったコメント欄にはこう書いてありました。

「前半25分のアドバンテージの採用についても的確ではあったが、違反者の特定についてはより確実な方法で特定を」

まさにこの内容の通りでした。前半25分、川崎フロンターレの選手がファウルを受けたのですが、アドバンテージを採用し、試合を続行しました。ファウルの細かい内容は記憶にないのですが、ラフなプレーでイエローカードの対象でした。その後、プレーが途切れたので、さかのぼってカードを出そうとしたのですが、ファウルを犯した選手が誰だか分からなくなりました。

「あれ、誰だったっけ？」と、困りました。反則があった地点に戻っているので、カードを出さないと明らかに不自然です。でも、誰が違反者か覚えていない……。そのとき、近くにいたアルビレックス新潟の秋葉忠宏選手がボソッと言ってきたのです。

▶ MATCH & SCENE

2002年10月5日
J2リーグ第35節（@等々力）

川崎F　1－2　新潟

主審：大西弘幸、副審：西村典之、勝又光司
4審：岸賢司

前半25分、アドバンテージをとったときにファウルを犯した選手を見極めることできておらず主審・大西氏が困惑したが、新潟・秋葉忠宏が潔く自ら名乗り出た。そんな男気にサッカーの神様も微笑んだのか、試合は新潟の逆転で勝利を収めている。

「俺や」

今思うと、私が別の選手にカードを出そうとしていたのを止めようとしたのかもしれません。冷静に考えれば、ほかのチームメイトをかばおうとしていた可能性もゼロではなく、正しかったのかどうかは分かりませんが、彼を信じてイエローカードを出しました。カードを出したときに言葉は交わしていませんし、試合後に話をすることもありませんでした。

目を残して違反者の番号をしっかりと覚える

長い審判キャリアの中でも、このように選手が自分の過失を申告してくれるケースはほとんどありません。非常に珍しい経験でしたし、フェアプレー精神を体現してくれた、うれしい経験でもありました。しかもあのとき、主審の自分にだけ聞こえる

▶リバースアングルから

選手と審判の関係性

このケースでは秋葉選手の潔さはもちろん賞賛されるべきですが、秋葉選手が主審の大西氏に対して一定の信頼を置いていたこともうかがえます。あえて自分の非を認めなくても済む状況だったからです。その点では、普段の関係性が彼の言葉を引き出したとも言えるでしょう。

選手と審判の関係は、試合中のさまざまなやりとりを通して築かれます。よく話しかけてくる選手に対しても無視はしない、イライラしていたりケガをかばっている選手には一言声をかけてあげる。こうした積み重ねがいざというときに生かされるのかもしれません。(小幡)

くらいの声の大きさだったので、ほかの選手はやりとりを経てカードが出ていることは分かっていないはずです。その点でも、秋葉選手の〝男気〟に助けられました。

この件のあと、アドバンテージをとるときの意識の持ち方が変わりました。それまでも指導されてはいましたが、ファウルがあったときにしっかりと目を残して違反者の番号を覚えることを徹底しました。当時は、ユニフォームに胸番号がなかったかもしれませんが、パンツや背番号などでつかむようにしました。

秋葉選手は現役引退後、Ｊクラブの監督や年代別日本代表のコーチを務められ、自分がアセッサーとして試合会場に行ったときに顔を合わせることもあります。会釈くらいしかできていませんが、「あのときは、ありがとうございました」といつも思っています。［大西］

教訓

男気に　頼らぬ注視で「プレーオン！」

【覚え書き】
このケースは選手の男気によって助けられたが、本来は違反者を見極めた上でアドバンテージをとる。

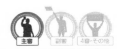

心を保てなかった
選手の悪態
夢の中まで続いた闘い

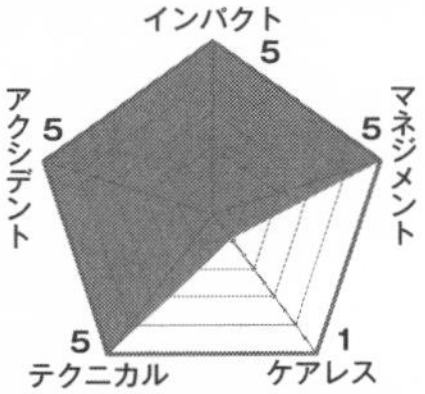

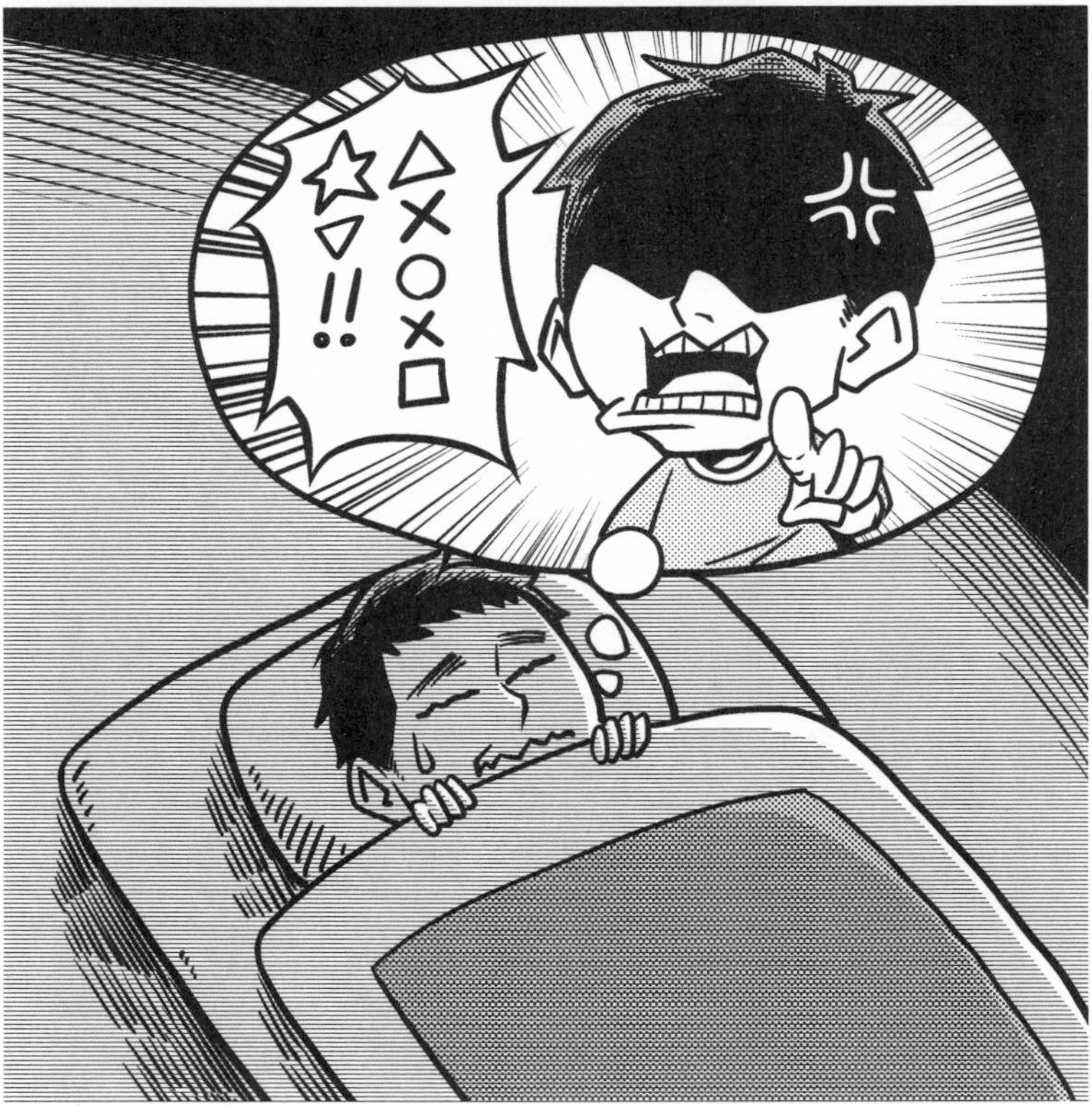

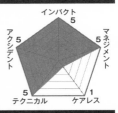

制御不能に陥った90分、力のなさを痛感

２０００年代の天皇杯で、ある選手に悪態をつかれました。前半、彼が受けたファウルをとらなかったのがきっかけかは分かりませんが、あるとき自分に明らかな敵意を持ったようです。彼が近寄ってきて、ニコッと笑ってから挑発的な発言をしてきました。

そこからです。自分がみていないところで相手選手にラフプレーをはたらく、ファウルの有無にかかわらず相手選手が倒れていたら上から怒鳴る、自分の後ろを通るときに罵倒するような、貶《おとし》めるような言葉を浴びせてくるなど、目に余る言動が続きました。

ただ、ラフプレーは副審からも確認できず、「現場」を押さえることができません。ひどい言葉も本当に私に言っているのか、確証が得られません。ファウルをするときは対戦相手にアドバンテージをとっていて、試合を止めたら相手に不利益が生じるというタイミングでした。カードを出す機会をつかめずに悶々とした時間を過ごしました。自分では手に負えない、正直、試合が早く終わってほしいとしか思いませんでした。こんな経験はあとにも先にもありません。

試合後、対戦していたチームの監督からも「大変でしたね」と言われました。自分のチームの選手に悪態をつかれ、コントロールできなかった審判に対して歯がゆさもあったはずです。その言葉が胸に突き刺さりましたし、試合の中で彼を処分できなかったことに自分の力のなさ、勇気のなさを痛感しました。

並々ならぬ思いで、心を無にして臨んだ〝雪辱戦〟

彼の顔と言動が、頭から離れませんでした。夢にまで出てきて悪態をつかれ、うなされる日が続きました。夢になると、あのときの無力さや悔しさが出てくるのです。「早く彼のチームの試合を割り当ててくれ」とずっと思っていました。

過去を変えることはできませんし、変えるつもりもありません。ただ、失敗やマイナスの経験を克服するには、同じチームや選手

▶ 審判の流儀

悪意ある言動の分類と対処例

選手から悪態をつかれた場合でも、まずはカードを使わず対処したいものです（収まらない場合はカードに頼る）。私なりの分類と対処例を挙げます。（田邊）
①判定直後に選手が自分を正当化して審判を傷つける→これ以上は勘弁して、と我慢してもらう　②好意的な振る舞いから攻撃的な態度に豹変する→不用意な一言を発せず、黙って様子をみて距離を置く。主審から話を断ち切る　③何かをお願いするふりして捨てゼリフを吐く→運が悪かったと思い、聞こえていないふりをして忘れる　④前に起こったことを蒸し返す→次に進んでほしいことを告げる

と向き合うしかないと考えていました。しかも時間が経てば経つほど余計な感情が増幅するので、できるだけ早くチャンスが欲しかったのです。その切望した試合の担当が決まったのは、翌シーズンの春でした。「やっと来たか」という思いで、並々ならぬ決意で臨みました。とはいえ決して感情的にはならず、心を無にする。真っ白になり、競技規則の中できちんとカタを付けるという心境です。イエローカード、レッドカードを出すさまざまな状況を繰り返しイメージしました。

前半に彼がラフプレーを犯したのでイエローカードを出しましたが、以降は何も起きませんでした。私がカードを出すタイミングに躊躇《ちゅうちょ》がなく、〝普通ではない雰囲気〟が伝わったのでしょうか(笑)。彼の中で「今日の主審はまずいな」と思ったのかもしれません。この試合で、半年近く続いた闘いにようやく決着をつけることができました。夜もぐっすり眠れるようになりました。［田邊］

教訓

リベンジで過去にケリつけ前を向き

【覚え書き】
失敗や苦しい思いを味わった過去に向き合い、克服することで初めて次のステップに進むことができる。

主審　副審　4審・その他

試合中、ストイコビッチ選手が声をかけてくる理由

何気ない会話は、練られた戦術だった

Ｊリーグが始まって、しばらく経ったときの名古屋グランパスの試合でした。名古屋陣内で相手のフリーキックをとった際に、ストイコビッチ選手に英語で話しかけられました。内容はよく分かりませんでしたが、紳士的な振る舞いで何かを質問してきているようでした。

その後、同じようなことが何度かありましたが、話しかけられている途中、たまたま後ろを振り返ったときに、名古屋の３～４人の選手がスーッとペナルティーエリア内に戻っているのが目に入りました。そこで、会話は時間を稼ぐための演技だったことに気づいたんです。

私は英語が話せないので内容はあくまで推測ですが、「何のファウルなのか？」「ポイントはここで合っているのか？」といったことだと思います。話しかけられれば気を取られますし、相

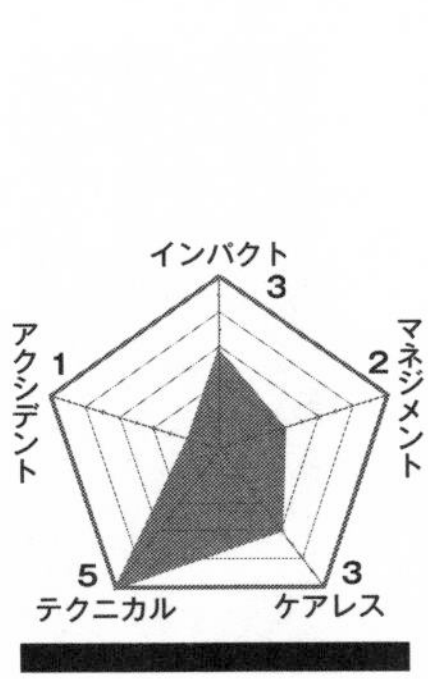

手の気持ちをくみ取ろうと努めるものです。その数秒を使って、名古屋の選手は守備陣形を整えていたのです。こんな時間稼ぎがあるんだと、ある意味感心したのを覚えています。

ストイコビッチ選手といえば、主審からカードを奪うような気性の荒さが特徴でもありました。同時に、自分たちが少しでも有利にプレーを進められるための策として、レフェリーの気持ちを取り込むような演技力や緻密さを持ち合わせているのだと思い知らされました。

このような〝戦術的な会話〟については、1回は軽く受け応えるのがベターでしょう。最初から無視して選手と対立関係を生むのは得策ではありません。ただし、相手の意図に気づいたのであれば、「あなたの意図は分かっている。次にやったら警告ですよ」と注意できるのが理想です。会話に毎回つき合ってしまっては、選手の思うツボです。［濱名］

教訓

推し量る　選手のアクション 潜む意図

【覚え書き】
選手の行動には必ず意図がある。その意図が何かを常に意識することで、経験値を高めることができる。

ファウルスロー寸前のモネール選手に思わず出てしまった言葉

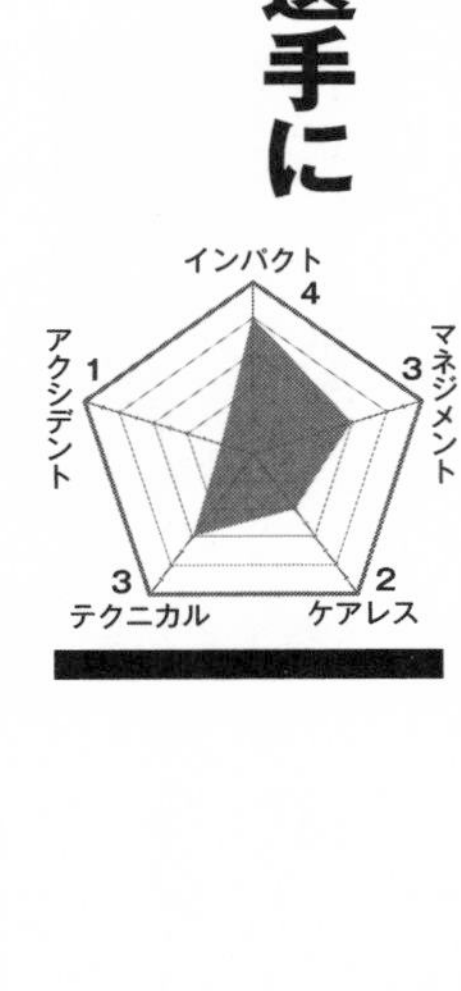

笛で制するには間に合わない……思いは伝わった

Ｊリーグ初期のころ、三ツ沢球技場で行われた横浜フリューゲルスの試合でした。フリューゲルスのスローインで、モネール選手がボールを投げ入れようとしていました。ところが、ポイントがだいぶずれていて、そのまま投げてはファウルスローになってしまう。笛を短く鳴らして制しようとしたのですが、モネール選手はスローインの体勢にすでに入っていました。そこでとっさに出たのが「ダメ!!」という言葉でした。

とっさに出た一言だったので、かなり大きな声になりました。モネール選手はびっくりしたようでしたが、スローインをストップしてポイントを改めてくれました。しかも、三ツ沢球技場はサッカー専用です。ピッチとスタンドの距離が近いため観客にも聞こえており、笑い声も挙がって恥ずかしかった記憶もあります。

笛を吹いて気づいてもらうのが理想でしたが、モネール選手の動作が早くて間に合いませんでした。「たかがスローインで」というのもおかしいですが、ポイントが違うことで相手ボールになるのがレフェリーとしては避けたく、緊急の対応策をとらざるを得ませんでした。相手が日本人選手なら「ポイントが違いますよ」などと言っていたでしょう。言葉を選ぶ余裕がなかったのですが、もう少し違った言葉をかけられればよかったですね（笑）。

ただし、「ダメ!!」というシンプルで強い口調の言葉だったからこそ、こちらの意図が伝わったのでしょう。外国人選手とのコミュニケーションでは、言葉の口調はもちろんですが、表情やしぐさ、目つきといった部分を意識することも大事だと思っています。［濱名］

教訓

急場では　笛より伝わるでかい声

【覚え書き】
場面によっては感情を露わにした声のほうが伝わることが多い。外国人選手でも思いは届くものだ。

無言の抗議か、うさ晴らしか、明らかに狙われたＦＫ

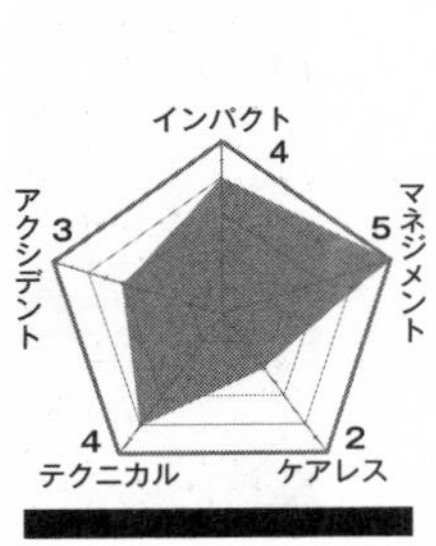

飛んできたラモス選手の正確なキック

１９８０年代半ば、読売クラブ（現ヴェルディ）の試合です。後半だったと思いますが、ラモス瑠偉選手がファウルを受けて、読売のフリーキックをとりました。場所は読売側のピッチのほぼ中央。私はポジションにつくべく、ボールから斜め前方15メートルくらいのところを移動していました。すると、ラモス選手が蹴ったボールが自分の胸付近に飛んできたのです。

幸い、インフロントで蹴られたボールだったのでそこまで威力はなく、私はボールを両手ではたき落としました。自分のいた位置が読売の選手とのパスコースとかぶっていたわけではありませんし、あえて15メートルくらいのパスがこちらに飛んでくる理由も見当たりませんでした。

明らかに自分を狙っていることが分かりました。

一瞬、どう対応するべきか迷いました。結局、ニコッと笑って「ボールが動いたからやり直し」として再開しました。やり直しのキックはラモス選手によって、まったく違う方向に蹴られました。ラモス選手が、なぜ自分をわざと狙ったのか。直前に受けたファウルはそれほど悪質ではなかったですし、試合を通してラモス選手がファウルを繰り返し受けていたわけでもありませんでした。おそらくそれまでの判定に何らかの不満があったからでしょうが、私がやり直しを指示したときも表情をまったく変えませんでした。それが不思議でたまりませんでした。

今なら完全にイエローカードの対象になりますし、程度がひどければ一発レッドも十分にあり得るケースです。ただし、当時はこういったケースで警告・退場を出すケースはあまりありませんでした。80年代だからこそ許された対応だったといえるでしょう。［永松］

教訓

「狙い打ち」返すは笑顔か憂《うれ》いのカードか

【覚え書き】
昔は笑って穏便に済ますことも価値があったが、今は〝狙撃者〟に対して毅然とした対応が求められる。

タッチラインを意識するあまり、“痛い目”に遭った話

ライン際に回り込んでくる選手の姿に気づかず

2005年ごろのＪリーグで、当時ジェビロ磐田にいた福西崇史選手と激しくぶつかってしまいました。中央からサイドにボールが流れ、タッチラインを割りそうな状況でしたが、これに福西選手が走り込み、追いつきました。私も走りながらボールがタッチを割るかどうかを注視していたのですが、ライン際でボールを前に蹴り出した福西選手の走っていたコースと重なってしまいました。福西選手はほぼトップスピードのまま私とぶつかり、結果的に私は4～5メートル先まで突き飛ばされました（ボールはそのままゴールラインを割り、ゴールキックで再開）。

あとから映像をみると、福西選手がぶつかるときの衝撃をもう少し和らげてくれてもよかったのにと思う部分はありますが（笑）、プレーを妨げられた福西選手の怒りはなかなか収まり

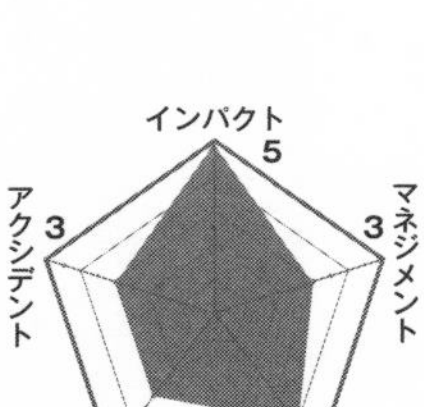

ませんでした。私が謝り、その後主審が間に入ってなだめてくれて何とか事なきを得ました。

サイドに流れたボールがラインを割るかどうかをみることに神経を集中させるあまり、向かってくる福西選手を視界に捉えることができませんでした。副審とはいえラインとボールだけに意識を向けるのではなく、選手の動きにも注意を払う。ライン際に走って来ているのが分かったらその対応を優先し、ボールが出る・出ないの判断をあとにずらすべきでした。

ここまでひどく選手とぶつかったのは初めてでしたが、一つ救いだったのは自分も無傷だったこと。衝撃に抗《あらが》わず手を自然について倒れ込んだのですが、中学・高校でやっていた柔道の受け身が生きたようです。私はサッカーの選手としての経験が短く、審判の中では変わった経歴ともいえるのですが、この日ばかりは柔道の経験に感謝しました（笑）。［柳澤］

教訓

一点に入れ込みすぎず 傍目《はため》のごとく

【覚え書き】
副審が意識すべき局面は明白だが、そこに集中しすぎてもよくない。傍観者のように全体をみる目も必要。

ファウルサポートできず、選手から浴びせられた言葉

明らかに自分に向けた発言だと思ったが…

２００８年ごろのＪ２の試合でした。ペナルティーエリアの手前側の角付近でファウルがあったのですが、それをサポートできませんでした。自分が主審よりも近い位置にいたにもかかわらず、旗を上げることができなかったのです。

直後に、出場していた日本代表経験もある選手から、「どこみてるんだ、ヘタくそ」という声が飛んできました。主審の耳には入っていないようでしたが、相手選手には聞こえていたはずです。ところが、アピールはなし。状況からして、自分に言ってきたことはほぼ間違いありません。ただ、旗を上げるべきところで上げられなかったことと、ファウルがあったのが後半アディショナルタイムだったことで、発言の真意を確かめる意欲が薄れていました。

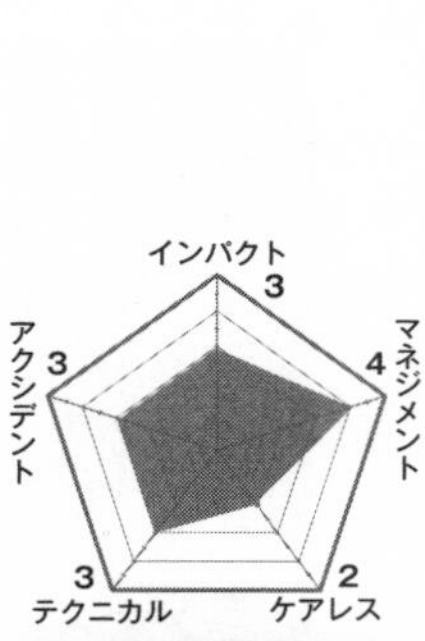

試合後、腹立たしかったこともあり、マッチコミッショナーに報告したところ、規律委員会が開かれることになりました。事前に私が当時の審判委員長に一連の流れを説明し、その選手が事情聴取を受けましたが、結果はシロ。私の前にいたチームメイトに対して、プレーがうまくいっていなかったから「どこみてるんだ、ヘタくそ」と言ったというのが彼の言い分でした。確かに、発言の真相は本人にしか分かりません。ですが、個人的にはうまく切り抜けられたという印象がどうしても拭えませんでした。

今思えば、周囲の選手・審判に発言を知ってもらうためにも、「今の発言は誰に言ったの？」などとその場で本人に聞くべきでした。「こんなことを言われた！」とあとで声を上げても、試合中のことをすべて明らかにするのは難しいのだとあらためて思い知りました。［柳澤］

教訓

異議・暴言　その場で確認「現行犯」

【覚え書き】
暴言は発せられたあとすぐに白黒（もしくは黄・赤）をつける必要がある。決してうやむやにしない。

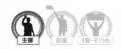

ラモス瑠偉vs賈秀全《カシュウゼン》 思わぬ瞬間炎上！ 防げなかった乱闘

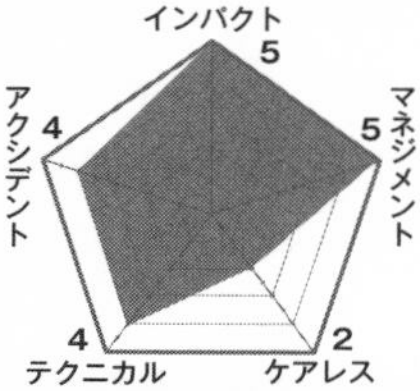

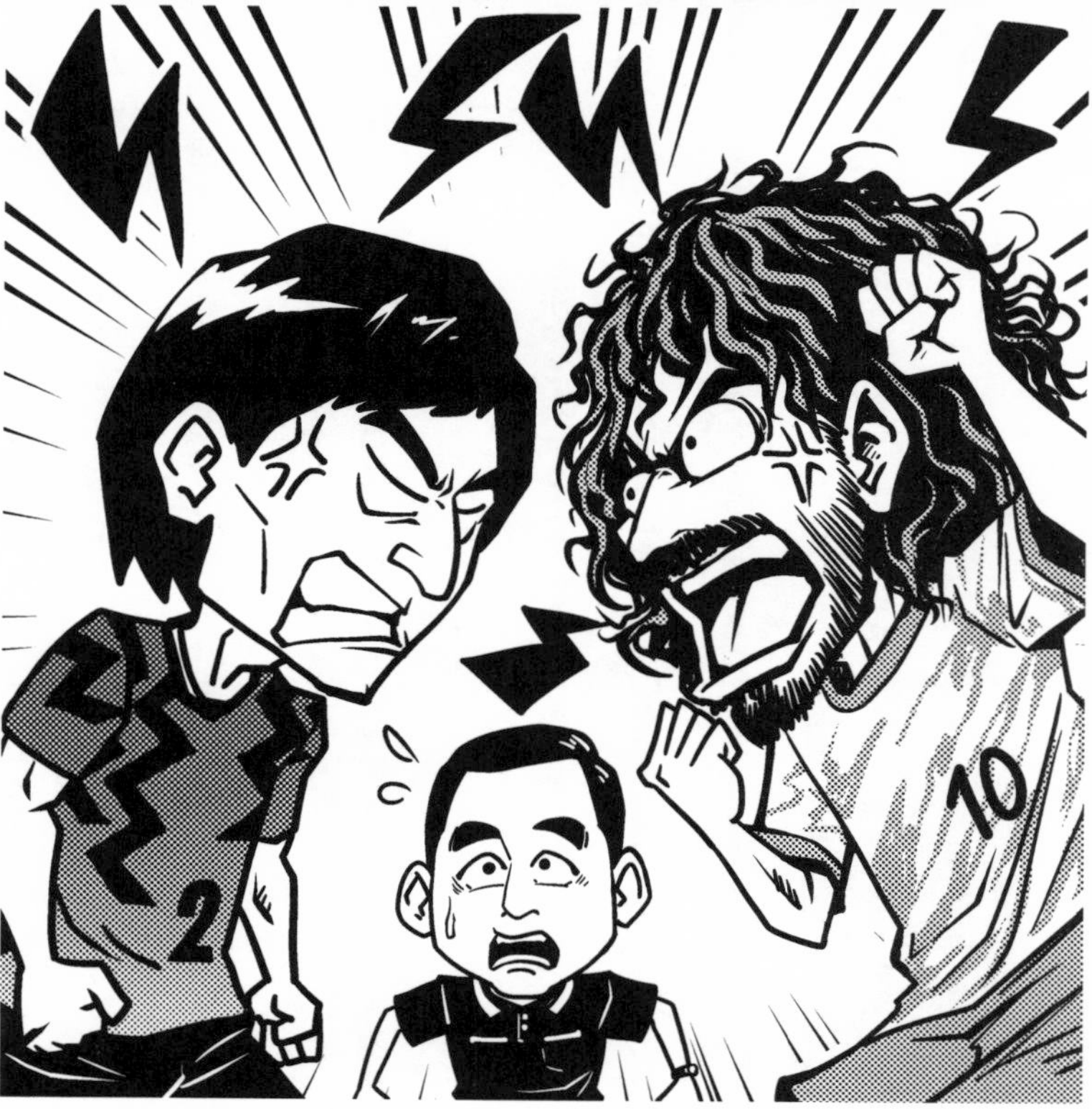

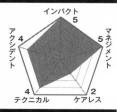

ラモスがボールをぶつけ、貫が殴りつける

記録用紙をみると、乱闘は81分に起きていました。今回、あらためて映像をみましたが、こんなシーンでした。ボールを保持したラモス瑠偉選手に対して、貫秀全選手が後ろから体を厳しく寄せて足を出す。それに腹を立てたラモス選手は足元にあったボールを両手でつかみ、2メートルほど離れた貫選手めがけて下から投げる。ボールは貫選手に当たり、貫選手も応戦する形でラモス選手の顔面を殴りつけ、互いに体をぶつけ合う乱闘へと発展。一瞬の出来事でした。

当時は、貫選手のほうが悪いことをしたという記憶がありました。最初に手を出したのは貫選手ですし、実際に貫選手の右手がラモス選手の顔をヒットしています。ラモス選手がボールを上から投げつけたのであれば印象は違っていましたが、両手で下から少し手加減して投げているようにみえました。そういったことも踏まえて、貫選手にレッドカード、ラモス選手にイエローカードを

▶ MATCH & SCENE

1993年7月10日
Jリーグサントリーシリーズ　第17節（@万博）

G大阪　2－3　V川崎

主審：小幡真一郎、副審：辺見康裕、神田豊秀
4審：三宅毅

同点で迎えた81分、貫秀全による厳しいプレッシャーを受けたラモス瑠偉が怒りを露わにしてボールを貫にぶつけ、乱闘に発展。すぐに主審・小幡氏や両チーム選手が割って入り収まったが、貫にレッドカード、ラモスにイエローカードが出された。

出したのだと思います。

ただし、ラモス選手のボールをぶつけたリアクションを「報復行為」として捉えるのであれば、レッドカードでもよかったのかもしれません。当時から報告行為については厳しく対応することになっていましたし、不公平な懲戒罰だったかもしれないという思いが今も少し残っているからです。

「伏線」を見抜けていれば、乱闘は防げた

今振り返ると、この場面に至るまでに賈選手以外もラモス選手をある意味標的にして削りにいっていたのかもしれません。両チーム合わせたフリーキックの数は29で決して多くない。その意味では、ラモス選手に対する微妙なプレーをファウルとしてとっていなかった可能性があります。ブラジルの選手

▶ ワンポイントアドバイス

報復行為で意識すべきこと

ファウルへの報復行為に対しては現在も厳しい対応が求められています。審判として気をつけたいのが、ほかの動作の中に報復行為が含まれるケースです。倒された場合、起き上がるときに相手の足を踏みつけたり、手や足で相手の体を打ちつける。ホールディングされた場合、相手の手を振りほどくときにヒジなどで相手の顔を打つ、といったものです。立ち上がって、相手と正対した状態から報復に出るケースはあまりないでしょう。「ファウルの笛を吹いて終わり」ではなく、笛を吹いたあとの選手のリアクションを注視しておく必要があります。（小幡）

はカカトを削られることは選手生命に関わることとして非常にナーバスになるので、後ろから繰り返しやられていたことで感情が高ぶっていたことは否定できません。

なかなか表には出にくい部分でしたが、こうした伏線に早く気づいていれば状況は変わっていたのでは、と思います。早い段階で買選手にイエローカードを出しておく、あるいはエスカレートしないようにくぎを刺しておく。いずれにしても、選手の感情をしっかりとつかまないとよいレフェリングはできないということです。

試合終了後、敗戦に怒ったのか、私の判定に不服だったのか、ガンバサポーターがスタジアムの出口を取り囲んでいました。バックスタンド側に回って、タクシーで帰ったのを覚えています。

【小幡】

教訓

小競り合い　陰の種火が
烈火となり

【覚え書き】
選手は執拗《しつよう》にマークを受けることで感情を爆発させる場合がある。早い段階で気づき、鎮めておきたい。

同じ選手に警告を2度出したが、退場させられず……

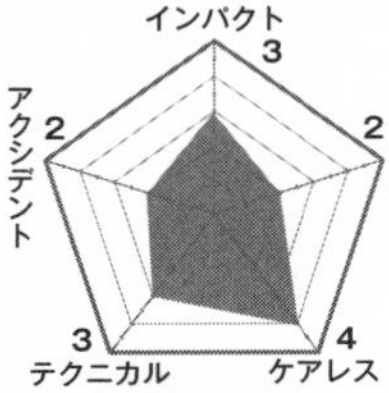

数字の罠《わな》？　別の選手と思って試合を続行

厚別でのコンサドーレ札幌の試合でした。本来なら2枚目のイエローカードで退場となるべきところを選手の番号を誤認して、そのまま数分間プレーさせてしまいました。

理由は、ユニフォームの番号（数字）です。「3」と「7」の上の部分がほぼ同じだったからです。1枚目のイエローカードをベガルタ仙台の3番の選手（斎藤克幸選手）に出したのですが、7番の選手に出したと勘違いしてしまいました。

その後、前半終了間際に札幌のフリーキックがあり、キックの前に壁から前に飛び出したため再び3番の選手にイエローカードを出しました。ですが、その前の警告は7番の選手だと思い込んでいたため、試合をそのまま続行したのです。

実はこのとき、副審が自分に向かって指を2本立て、「（イエローが）2枚目じゃないのか？」とサインを送ってくれていました。ですがハーフタイム直前だ

▶ **MATCH & SCENE**

1999年5月16日
J2リーグ第12節（@厚別）

札幌　3－0　仙台

主審：梅本博之、副審：木島栄、遠藤敦
4審：上田充士

24分に警告を受けていた仙台・斎藤克幸は、44分の相手FKでの遅延行為により2枚目のイエローカードを出されるが、24分とは別の選手と認識されており試合はそのまま続行。その後、ハーフタイムに退場が正式に認められた（記録上は44分の退場）。

ったこともあり、私はアディショナルタイムを確認してきているものだと思い、「いや、アディショナルタイムは1分だよ」と合図していました（苦笑）。

ハーフタイムに映像を確認し、例外的解決を図る

結局、札幌がこのフリーキックを直接シュートし、ゴールから外れたところで前半が終了したと記憶しています。ところが、控え室に戻るところで札幌のスタッフが血相を変えて飛んできました。「相手の3番にイエローが2枚出ている」と言うのです。合図を送ってくれていた副審からも、あらためて指摘されました。

本来はやってはいけないのですが、その場で実際の試合映像をみて、警告を受けたのが同じ選手だったことを確認しま

▶リバースアングルから

番号にまつわるプチ・トラブル

ユニフォームの番号については、ほかにもいくつかトラブルを経験しています。大学リーグであったのは、シャツとパンツの番号が違うケースです。試合前のチェックで気づきましたが、両方の番号が揃っているかの確認を副審と事前に共有しておくべきでしょう。

Ｊリーグでは、ハーフタイム後にほかの選手のシャツを着てピッチに入ってきた選手がいました。「同じ番号が２人いる」とのサポーターの指摘により着替えさせることできました。後半開始前にあらためて確認するのは難しいのですが、頭に入れておく必要があります。（梅本）

した。両チームに対して当該選手を後半から出場させないことを伝え、了解をもらいました。この対応については、「2度目の警告後そのまま試合が再開しているので、警告は7番と3番の選手という扱いで、退場者を出さずに後半を行うべき」という考えが今なら多数を占めるかもしれません。

指摘を受けたときは、思いもよらないことだったので驚いたのと同時に、番号は正面からしっかり確認しないといけないと痛感しました。ただし、背番号や胸番号の数字の書体や色が、ユニフォームの色や柄との関係で認識しにくいケースがあるのも事実です。もちろん主審が責任を持って視認しなければなりませんが、副審や第4審の力を借りて確認し、情報を共有することも大事だと感じています。【梅本】

教訓

番号を　うやむやにして
四《4》苦《9》八《8》苦《9》

【覚え書き】
選手の番号は正面からしっかりと確認する（必要なら副審の協力を仰ぐ）。でないとあとで痛い目に遭う。

鮮やかなシュート！
間接FKなのに
ゴールを認めてしまう

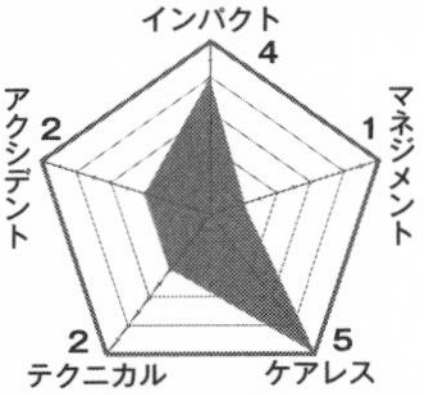

スタジアムDJの歓喜の声に思わず手を下ろしてしまう

アレックス選手（現・三都主アレサンドロ）の見事なフリーキックでした。実は、その前（54分）も同じようにペナルティーアーク左付近のフリーキックを、GKの届かないコースに沈めていました。ただ、二つのフリーキックには大きな違いがありました。54分は直接フリーキックで、こちら（72分）は間接フリーキックだったのです。

間接フリーキックという認識は自分の中にありました。アレックス選手が蹴るときも、手を上げてシグナルをしていた記憶があります。ところがシュートが直接入った直後、会場に響き渡ったスタジアムDJの「ゴーール！」という大ボリュームのアナウンスによって、冷静さを欠いてしまったんだと思います。上げていた手をいつの間にか下ろしていました。札幌の選手もベンチも何も言ってこない。副審からも指摘を受けなかったので、そのままコンサドール札幌

▶ MATCH & SCENE

2001年5月3日
Jリーグ 1st ステージ第7節（@日本平）

清水　5－2　札幌

主審：小幡真一郎、副審：廣嶋禎数、間島宗一
4審：野田祐樹

54分にチーム4点目となるゴールをFKから決めていた清水・アレックス（当時）は72分にもゴール前のFKから直接ネットを揺らす。しかしこれは間接FK。本来であればゴールは認められないが、審判も対戦相手も気づかずに5点目として記録された。

のキックオフで再開しました。勝敗がほぼ決まる5点目だったことで、札幌側が戦意をやや欠いた可能性はありますし、同じ選手に2回続けて見事にフリーキックを決められたことも影響していたのかもしれません。

記録担当の何気ない質問に凍りつく

試合が終わって控え室に戻り、記録担当の方から「5点目のフリーキックは誰か触っていましたか?」と聞かれました。「そういえば、誰も触っていない……。これはまずいな」となりました。記録用紙にはフリーキックであれば「直接」「間接」はもちろん、誰がどこから蹴って、どのように入ったかも記されます。あのあと記録担当の方がどのように処理されたのか、今さらではありますが知りたいところですね(笑)。

▶競技規則などから

THE RULES

間接フリーキック時の主審のシグナル

このケースのように、以前は間接フリーキック時に主審が片手を上げ、キック後ほかの選手がボールに触れた時点で下ろしていましたが、今ではこのシグナルも変更されています。

キックのあと誰かが触るまで待つのではなく、ゴールに入らないとみれば手を下ろしてよいことになっています。ゴールから遠い地点でのオフサイドのフリーキックなどではこうしたケースが多くなります。もし手を下ろした状態でフリーキックからシュートが直接入ったときは守備側のゴールキックで再開しなければなりません。(小幡)

試合後、アセッサーの方からも指摘を受けませんでしたし、あとになってJリーグから直接何かを言われることもありませんでした。でも、このときは〝休み〟（担当をしばらく外れること）を覚悟しました。ストイコビッチ選手のカードの件（P10）は判定ミスではありませんでしたが、今回は明らかに私の運用ミスで逃げようがないと感じたからです。実際、約1カ月の割り当て停止期間があったと考えられます。「考えられる」というのは、今でこそ割り当て停止期間が公表されることもありますが、当時はその慣習がなかったからです。

振り返って思うのは、ずばりそのままですが、スタジアムDJのゴールアナウンスには気をつけたいということです。サポーターによる声援も含めてですが、スタジアムの雰囲気に流されないように自分を律したいものですね。［小幡］

教訓

轟《とどろ》いて 心を乱す「ゴール！」の声

【覚え書き】
スタジアムDJの歓喜のアナウンスはサポーターもちろん、ときにレフェリーまで飲み込むので要注意。

バレーボールのブロック!? FKでの明らかなハンドを見逃す

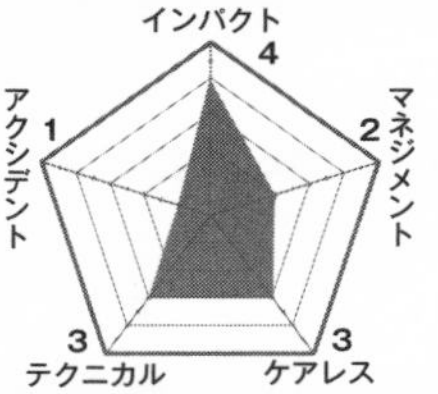

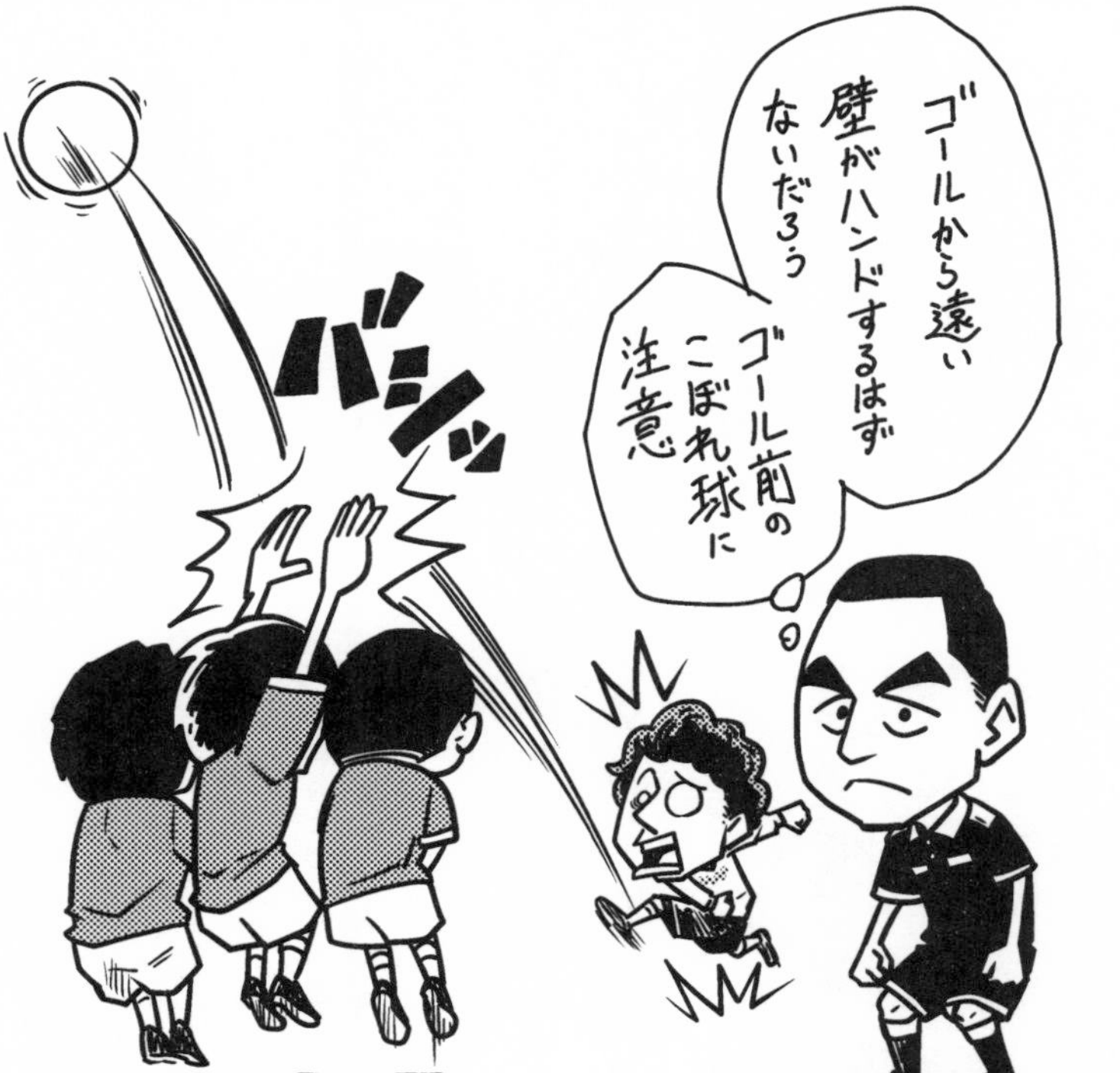

ゴール前のことしかイメージしていなかった

試合終盤、ゴールから30メートルほど離れた地点での横浜フリューゲルスのフリーキックでした。キッカーはエドゥー選手。左利きの正確なキックで、多くの素晴らしいゴールを挙げた選手です。

ゴールまでやや距離はあるものの、彼のキックの精度なら直接ゴールを狙うことは予想できました。ヴェルディ川崎の壁は3人くらいだった記憶があります。私は壁のほぼ真横にポジションをとりました。想定していたのは、エドゥー選手のシュートがポストやバーに当たって際どい場面になること。または、GKがはじいたりしてこぼれ球になること。いずれにしても、エドゥー選手がボールを蹴った直後に走り出して、ゴール前の状況を把握することを考えていました。

ところが、これが大きな落とし穴でした。シュート（ゴール前）のことをイメージするばかりで、「壁」のことがすっかり頭から抜けていたのです。走り出し

▶ MATCH & SCENE

1994年3月5日
ゼロックススーパーカップ（@国立）

V川崎　2－1　横浜F

主審：小幡真一郎、副審：大野辰巳、福田寛
4審：砂川恵一

93年のJリーグ覇者V川崎と同年度の天皇杯を制した横浜Fによる一戦。2－1でV川崎がリードする終盤に横浜Fが直接FKを獲得。エドゥーのキックは壁に当たったが、ハンドによってボールを止めた瞬間の写真が後日週刊誌に掲載され、話題になった。

ていた自分はボールから目を離しており、キックが壁に当たった瞬間がまったくみえていませんでした。少しでも視界に入っていればハンドかどうかの迷いがあったかもしれませんが、そういった記憶もありません。キックのあと、エドゥー選手がハンドをアピールしてきたのは覚えています。でも私にはまったくみえていなかったので、却下するしかありませんでした。

ハンドだったことが分かり、想定の甘さを痛感

それから数日後、写真週刊誌をみてびっくりしました。この瞬間をとらえた写真が大きく掲載されていたのです。壁に入った3人のうち中央の選手がジャンプをして、バレーボールのスパイクブロックのように両手を真上に上げたところに

▶ワンポイントアドバイス

ONE POINT

フリーキック時における主審の監視ポイント

監視のポイントは原則的に３つあります。①ボールの位置…再開時の位置は主審が決め、選手にボールをセットしてもらう。その位置から動かないようにみておく　②壁の位置…シュートが打てる範囲ならセレモニー（笛を吹いてプレーを止め、ボールから9.15 mの距離に相手選手を離す）で歩測する。9.15mが何歩なのか、目測でどの程度かをセンターサークルなどを使って身につけておく　③主審の位置…場所や状況（時間帯、スコア、キッカーなど）によって変える。「次に何が起こるのか、何が起こるとみえにくいのか」などをイメージしておく（小幡）

ボールが当たっている。誰がみても明らかに意図的なハンドでした。

自分の想定が甘かったと気づきました。エドゥー選手のシュートは予測していましたが、距離も十分にあったので、壁の選手がこんな対応をするとは思っていませんでした。ハンドをしていた選手のプレースタイルやパーソナリティーもそれなりに把握していましたが、まさかという感じでした。フリーキックが試合終了間際だったことも影響しているかもしれません。「これさえ防げば終わりだ」という心理がヴェルディの選手に働いても不思議ではありません。

事前にさまざまな想定をしておくことの重要さを思い知らされた出来事でした。この場面であれば、ボールが壁を違反なく通過するのを見届けてからゴール前に意識と体を持っていくべきでした。あらゆる可能性を考慮し、一つずつ消していくような対応をしたかったですね。［小幡］

教訓

想定を尽くして摘むは「見落とし」の芽

【覚え書き】
フリーキックはもちろん、どの場面でも〝思い込み〟は選択肢の幅を狭め、見落としのリスクを高める。

フラッグアップも主審が気づかず直後にVゴール!?

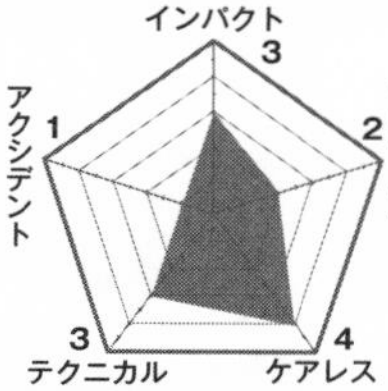

旗を上げたまま一人だけ別世界に

当時のＪリーグは90分で勝敗がつかなければ延長Ｖゴール方式、それでも決着がつかなければペナルティーキック戦を行っていました。その延長後半に柏レイソルが右コーナーキックを獲得。右足で蹴られたボールはカーブがかかり、ゴールラインを一度割ってからピッチに戻りました。当然私は旗を上げたのですが、そのままGKがキャッチして、すぐに前にフィードしてしまいました。

私はその場でフラッグアップしたまま、主審が気づくのを待っていました。当時はシグナルビープなどの通信機器がありませんでしたから、気づいてくれるのを待つしかありません。プレーはそのまま続行され、ボールが何度か行ったり来たりするものの主審はおろか、選手も気づいてくれない。コーナーキックスポット付近でポツンと立っていて、一人だけ別世界にいるようでした。

実際にはそれほど時間は経っていないようでしたが、自分にはものすごく長

▶ MATCH & SCENE

1998年10月14日
Jリーグ 2ndステージ第10節（@西京極）

京都　2－2（PK5－3）　柏

主審：松村和彦、副審：山城大、金田英司
4審：高橋佳久

２－２のまま迎えた延長で柏のCKがゴールラインをいったん割るが京都GKがキャッチ。副審・山城氏はフラッグアップするもプレーは続き、柏が京都ゴールのネットを揺らす。しかしラインを割っていたことが認められ取り消しに。PK戦の末に京都が勝利。

い時間が流れたような感覚でした。そのうちに柏のボールになり、攻め込んできました。さすがにこのままではまずいと思い旗を下ろし、慌てて京都の最終ラインにつきました。

ほどなくして、柏のベンチーニョ選手のシュートが決まりました。Vゴール方式だったので、柏の選手は当然ながら大喜び。この試合を中継していた千葉テレビは、このゴールが決まった直後に柏の勝利として放送を終了していたようです。

主審が気づくまで、その場で旗を上げ続ける

もちろん、その前の件があったので、私自身はゴールインのシグナルをしませんでした。主審がこちらに来たので、コーナーキックのときにボールがラインを割っていたことを告げたところゴールは取り消され、京都のゴールキックで再開。

ONE POINT

▶ワンポイントアドバイス

フラッグアップに主審が気づかない場合

副審が旗を上げても主審に気づいてもらえないときの対応としては、本人が「主審！」などと声を出して伝えるのがまず一つです。ボールが遠くにあって声が届かない場合は、もう一人の副審がフラッグアップして主審に伝えましょう。「ファーストの旗、上がってますよ」などと声を出してもよいでしょう。４審が気づけば同様に身ぶりなどで伝えたいものです。フラッグアップしているということはプレーが途切れるべき事案があったということであり、そのまま継続させないためにもできるだけ早く主審に気づいてもらう必要があります。（小幡）

柏の選手が抗議をする間もないくらい、京都の選手がすぐにプレーを始めました。試合は2－2のままペナルティーキック戦となり、京都が勝利しました。ペナルティーキック戦の前後は柏の選手から抗議をかなり受けており、ベンチーニョ選手が私に向かって日本語で「バカ！」と言ってきて退場にもなりました。試合後は早くその場を立ち去りたい気分でした。

試合後、アセッサーから「ゴールインを認めなかったことはよかった」と言われました。特に問題はなかったのだろうと思っていたら、あとになって審判委員長から電話があり、「あの場面は主審が気づくまで旗を上げておくべきだった」と指摘されました。ボールがラインから出たということはプレーが途切れているので、再開してはいけないということですね。その後1カ月ほど試合の割り当てから外れ、研修期間をいただきました（苦笑）。［山城］

教訓

上げた旗 気づいておくれと 念送れ

【覚え書き】
旗を上げたら主審が気づくまで振るなどして上げ続ける。念が届かない場合は声で伝えるようにする。

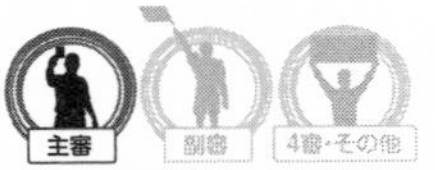

相手スローインをＧＫがキャッチ、なぜか笛を吹いてしまう

相手ＦＷの“天然・猛アピール”にあおられた

１９９０年代半ばのＡＦＣクラブ選手権（現アジアチャンピオンズリーグ）での、おそらく東南アジアで行なわれた試合で主審を担当したときです。

攻撃していたチームが長めのスローインをゴール前に入れたのですが誰にも合わず、守備側のＧＫが直接キャッチしました。そのとき、ＧＫのそばにいた攻撃側のＦＷが必死になって「触った！　触った！」と私にアピールしてきたのです。ちょうど「味方スローインのボールをＧＫがキャッチできない」と競技規則が変更されて間もない時期で、自分も「そうだ、ルールが変わったんだ」とＧＫのファウルと思い込み、ピーッと笛を吹いてしまいました。

笛のあと、アピールをしたＦＷ以外の選手はポカンとしていて反応が薄い。「この雰囲気は

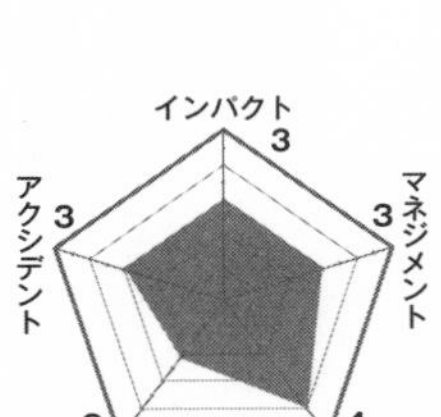

何だろう?」と自分でも感じていました。攻撃側にとってはゴール前の間接FKで大きなチャンスでしたが、キッカーはわざとゴールラインを割るようにボールを蹴って、守備側のゴールキックにしました。

この時点で「何か間違えたんだな」とは思いましたが、理由は分かりませんでした。副審、4審も日本人で、ハーフタイムに「(味方ではなく)相手チームのスローインでしょ」と指摘されて、初めて気づきました。大騒ぎしたFWの選手も単純に誤解していたのでしょう。今思うと、抗議も受けませんでしたし、キッカーをはじめとする選手たちに救われましたね。

競技規則の改正時は審判にも適応ミスが起きやすいもので、自分の経験として定着するまでは慎重に対応する必要があるとは分かっていたのですが……。お恥ずかしい話です。[梅本]

教訓

笛吹いて 初めてつかむ 規則改正

【覚え書き】
規則の改正は試合でその状況に遭って笛を吹くことで、初めて頭と体の回路がつながり体得できる。

オフサイドポジションにいただけ、でも思わず旗を上げてしまう

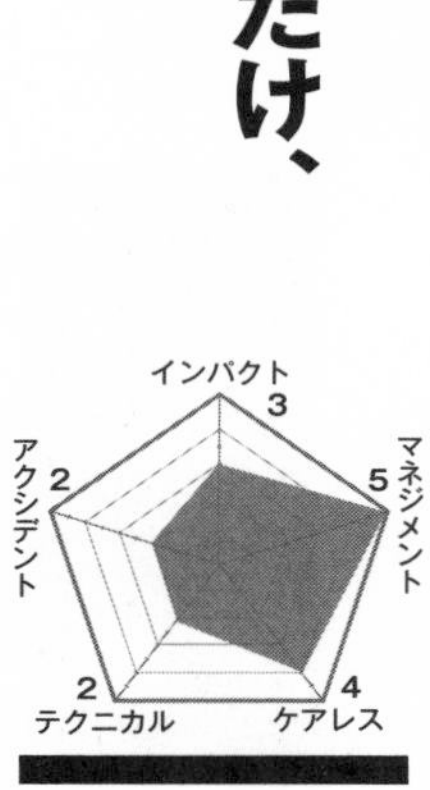

競技規則改正後、「気負い」が裏目に

２００４年の全国社会人選手権だったと記憶しています。ラモス瑠偉選手がＪＦＬ入りを目ざす沖縄かりゆしＦＣで選手兼監督をやっていました。大会の少し前にオフサイドの競技規則改正があり、それまでは攻撃側の選手がオフサイドポジションにいてパスが出てくればすべてオフサイドとして旗を上げていたのですが、インパクト（他の選手への影響）を与えていなければオフサイドにはならないことになりました。当該選手のポジションとほかの選手との位置関係を見極めて判断することが求められるようになったのです。

にもかかわらず、試合に出場していたラモス選手がオフサイドポジションにいたときに思わず旗を上げてしまったのです。出されたパスに近いエリアにいたのですが、今振り返るとプレーに関与していないレベルでした。もう少し状況をみてから判断すべきでしたが、早くフラッグアップしてしまいました。

ラモス選手はその場でこちらに向かってワーッとまくし立ててきました。おそらく規則の改正については知らなかったと思いますが、試合後にも「よくみえていなかったんじゃないか？　眼鏡がいるね、クリスマスに眼鏡を送るから！」と早口で言ってきました。

私はＪリーグで副審を務める合間を縫って参加していたのですが、こうした全国大会で多くの審判はＪリーグ経験のある主審や副審の振る舞いに注目するものです。自分の中で「手本を示さないといけない」という気負いもあり、それが空回りした部分もあったと思います。

ちなみに、ラモス選手から眼鏡はまだ届いていません。［柳澤］

教訓

どこであれ　規則の改正　胸に留め

【覚え書き】
どんな立場や大会であろうと、気負いや見栄があろうと、規則の改正は胸に刻んで試合に臨むべし。

気づいたら腕の時計が2つとも止まっていた……

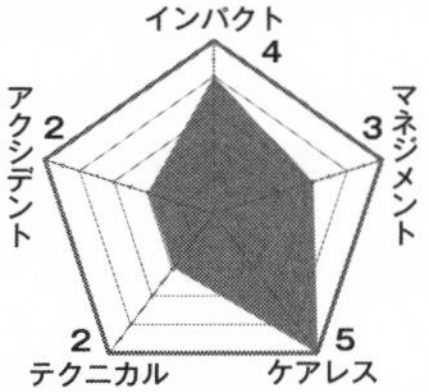

時計のストップを際立たせた勝矢選手の〝プレッシャー〟

後半途中に交代で入った勝矢寿延選手が地を這うような素晴らしいロングシュートを決めて、ジュビロ磐田が2―1とリードしました。この日は勝矢選手の誕生日だったらしく、翌日のスポーツ紙に「勝矢、バースデーゴール！」と大きく出ていたのを覚えています。

だからでしょう。勝矢選手はテンションが上がり、アウト・オブ・プレーになるたびに私のところに来て、「早く終わってください」とプレッシャーをかけてきました。自分の決勝ゴールでの勝利を一刻も早く迎えたかったのだと思います。そのうち、「時計をみせてください」と言ってきました。選手が主審に時計をみせてほしいと言ってくるケースは珍しくありませんし、実際にみせても問題はありません。ところが、この日は問題が起きていました。

私は試合のとき、腕時計を左右に一つずつつけます。一つは試合開始から止

▶ MATCH & SCENE

1995年9月2日
Jリーグニコスシリーズ　第6節（@ヤマハ）

磐田　2－1　C大阪

主審：片山義継、副審：深沢卓司、岡田拓也
4審：二宮和国

67分にピッチに入った勝矢寿延が、74分に自身リーグ通算2得点目となるロングシュートを決める。その後、主審・片山氏の時計が2つとも止まっていることが分かったが、大きな問題もなく終了。勝矢のゴールが決勝点となり、ジュビロが勝利した。

めずにずっと動かしておく、もう一つはケガ人が出たときや選手交代でプレーが止まった際にストップしてまた動かす。二つの時間の差でアディショナルタイムを決めていました。

ところがこの日は、いったん止めたあとに動かし忘れていて、早い段階で止まっていました。仕方なく、ランニングタイムを計るほうを適宜止めて使っていたのですが、こちらも途中で動かすのを忘れて止まっていたのです。

スタジアムの時計＋「感覚」で乗り切る

勝矢選手の時計へのプレッシャーが厳しくなってきたこともあり、仕方なく片方をみせました。「これ、止まってますよ」となり、「そっち(反対側)もみせてください」と言ってきました。「こっちも止まっているから」と言って反対側をみせると、か

▶ワンポイントアドバイス

ONE POINT

もし腕時計が止まってしまったら…

このようなケースはよくあると思います。私自身もケガ人が出たときに止めたあと動かすのを忘れて、時計を二つとも止めてしまったことが何回かありました。今であればトップレベルならコミュニケーションシステムがあるので困らないと思いますが、そのときは「試合が終わったら、時計を手で押さえてください」と４審と副審に伝えて合図を送ってもらい、アディショナルタイムを時計で計測して対応したことがあります。これはコミュニケーションシステムがなくても、スタジアムに時計がなくても有効な方法の一つだと思います。(小幡)

なりショックを受けていました。

私自身は、焦りはありませんでした。もう戻れないし、仕方がないなと（笑）。とはいえ、「主審はタイムキーパーの役割を担う」と競技規則に明記されているので、試合時間を計測できなくなったのは主審として明らかなミスです。当時は副審との通信手段もなかったので正確な試合時間を知る術《すべ》はなく、あとはスタジアムの時計に頼るしかありませんでした。

たしか会場の電光掲示板にあった時計はアナログタイプで、45分までしか目盛りがないものでした。45分になるのをみて、そこからは自分の感覚でアディショナルタイムをカウントしました。試合終了の笛を吹いたあと、真っ先に私のところに来たのが勝矢選手です。「ありがとうございました！」と笑顔で挨拶してくれたのが印象的でした。［片山］

教訓

長い笛 腕の時計は まだ途中

【覚え書き】
とにかく時計を止めたら動かす。止めるのは簡単だが、再度動かすのが抜けてしまいがちなので要注意。

イエローのつもりで出したらレッドカードだった

お尻のポケットにイエローを入れていたはずが……

Ｊリーグが始まって間もないころ、城彰二選手がジェフ市原でプレーしていたときの試合です。ボールとは関係ないところで、彼が相手ＤＦの後ろから脚を蹴ったんです。悪質なファウルだったので笛を吹き、イエローカードを出しました。

審判からすると城選手はコントロールしにくい面もあったので、カードを出したことに対して何か反論してくるかもしれないという想定もしていました。ところが、城選手はキョトンとしたまま。どうも様子がおかしい。そう思って、自分が出したカードをみたら、なんとレッドカードだったんです。慌ててイエローカードに変えて、城選手に謝りました。彼も笑って「いいですよ」と言ってくれて、その場は収まりました。

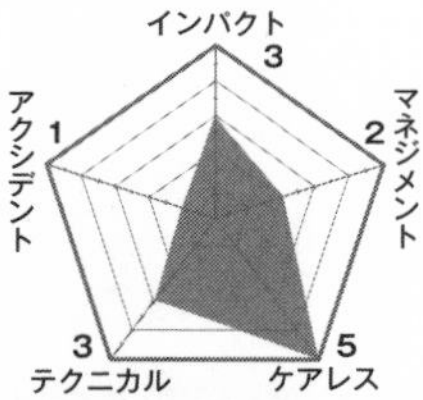

この件はカードを入れる場所が関係しています。Jリーグ初期、選手の悪質なプレーに対して審判の腰が引け、カードを出すべき状況なのに出せないケースが多いと感じていました。どうすればカードをスムーズに出せるのか、考えました。それまではイエローをシャツの胸ポケットに入れていましたが、ポケットには「フタ」がついていて、フタをあけるのにひと手間かかる。その間に気持ちが変わることがあるかもしれないと思い、途中からお尻のポケットのボタンを外して入れるようにしました。フタはないのでポケットに手を入れたら、カードを抜くしかない。「カードだと思ったら、迷わず出す」。そんな決意の表れでもありました。

レッドカードは胸のポケットに入れていました。ところが、この日はなぜか逆に入っていたのです。自分に対して「アホちゃうん」と言いたくなるような単純なミスでした。［梅本］

教訓

見ずに出すカードの色に 赤面す

【覚え書き】
カードが意図するポケットにしっかりと入っているのか、控え室から出るときに念を入れて確認する。

双方のGKにイエローを出した際2枚目と勘違いしてレッドを提示

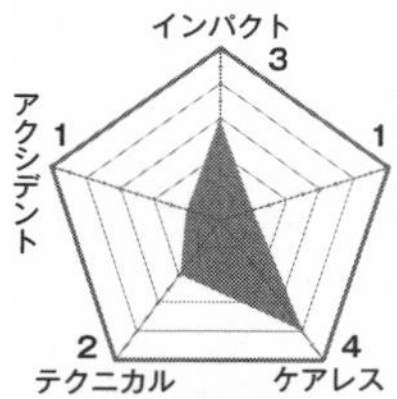

頭上で両手を大きく振り、訂正のジェスチャーを入れる

１９９０年代半ばのヴェルディ川崎とガンバ大阪との試合だったと思います。おそらく前半、ガンバのＧＫ本並健治選手にイエローカードを出していて、後半になり今度はヴェルディのＧＫ菊池新吉選手に遅延行為があり、イエローカードを出しました。その際、前半もＧＫにイエローカードを出していたことで勝手に「２枚目」だと思い込んでしまい、直後に続けてレッドカードを出しました。

カードを出された菊池選手は驚いたように「いやいや違う違う！」と、それまでみたことがないような拒否反応を示しました。それをみて、「そういえば、前半もこっちのピッチでカードを出したな」と、勘違いしていたことに気づいたのです。

対応に困りましたが、レッドカードをポケットに収める前に観客にも分かるように「カードを出し間違えた」と両手を頭の上で振るジェスチャーを入れ、あらためてイエローカードを出しました。菊池選手にしてみれば、まったく身に覚えのないことで退場させられそうになったわけですから、拒否反応を示すのも当然ですね。結局、「イエロー」→「レッド」→「イエロー」とカードを出したわけですが、「同じ選手に対して何枚カードを出しているんだろうと観客から思われているかもしれない」という意識は今でも残っています(苦笑)。

たしかに、カードを出すときに迷いなくスッと出せるとカッコいいものです。ただやはり、自分がメモした内容をみてもいいし、時間がかかってもいいので、しっかりと確認してからカードを出すことが大事ですね。［濱名］

教訓

無粋《ぶすい》でも 慎重を期し出すカード

【覚え書き】
不格好でも、粋でなくてもいい。とにかく間違いのないように確認してからカードを出すことが大切。

違反者が誰か分からないのに、雰囲気に流されて「警告」を申告

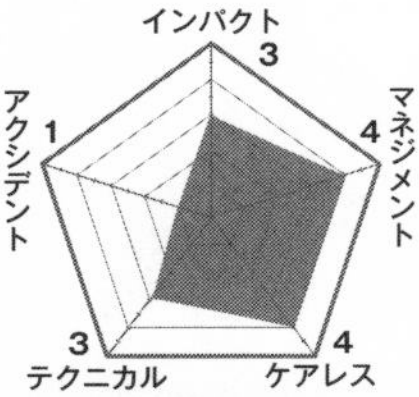

確信がない中、「井原さんがやった」

Ｊリーグ初期における横浜マリノスの試合のときのことです。私が副審を務めていたタッチライン近くでファウルがありました。攻守が入れ替わって前にパスが出され、それに反応した選手が裏に抜け出そうとしたところ守備側の選手が意図的にブロックしました。ファウルに無謀さがあり、倒された選手も「警告！」とアピールしてきました。

私はファウルとしてフラッグアップはしていたのですが、そのアピールや周囲の雰囲気に「これは警告にしないと収まらないだろう」と感じ、旗を上げた状態から左右に振って警告の対象であることを示しました。レフェリーとの距離も近かったので、実際に警告だということを告げた記憶もあります。

ところが実際のところ、誰がファウルをしていたのか、みえていませんでした。その場面を思い出し、井原正巳選手がいたのでたぶんそうだろうと思い、「井原さんがやった」と主審に伝えました。直後、主審から井原選手にイエローカードが出されました。

カードが出された瞬間、「どうなるんだろう」とドキドキしましたが、井原選手は「すみません」と言って、その場を去りました。井原選手のファウルで間違いなかったようです。へたしたら大チョンボになるところでしたが、運がよかったのか、かわすことができました。

当たり前ですが、違反をした選手が分からなければ副審としてアクションは起こすべきではありません。審判は分からないことに対して負い目を感じるものですが、「分からない」のも判定の一つ。その場合は「分からなかった」と正直に伝えてよいのだと思います。［柳澤］

教訓

確信なきフラッグアップ　旗色《はたいろ》悪し

【覚え書き】
雰囲気に流されて起こしたアクションは説得力がなく、あとで苦し紛れの対応を迫られるので注意。

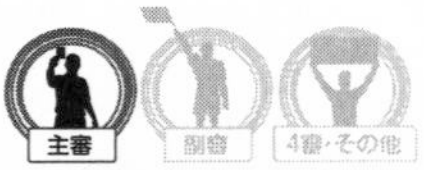

イエロー2枚でプレー続行 ミスを恐れた副審が指摘できず

直前の試合で、副審からの指摘を退けていた

Jリーグ開幕前の日本リーグ1部で、日立の試合だったと思います。イエローカードを2枚出したのは7番の選手で、名前は覚えていません。ファウルがあったのですが、対戦相手にも7番の選手がいて、てっきり両チームの7番の選手に別々にカードを出していたと勘違いしてしまったのです。本来、退場とするべき選手をそのままプレーさせてしまいました。

直後に、チームがその7番の選手を交代させました。交代のときに観客やベンチがザワついていたことに違和感を覚えました。ただ、その場では何が起きていたか分からず、試合後副審に尋ねたところ2枚目だったことが分かりました。翌日のスポーツ紙にも取り上げられて、職場に行きづらかったのを覚えています。

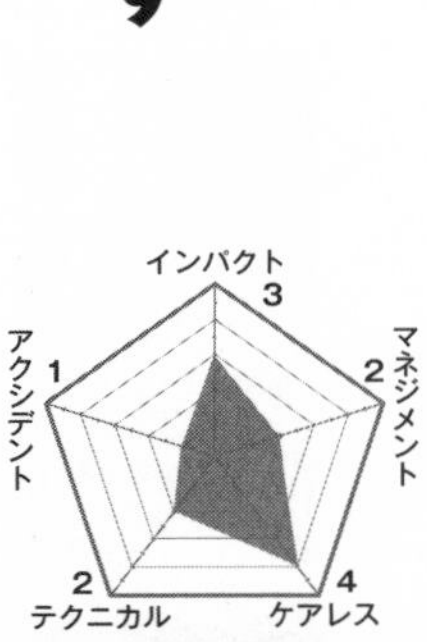

この副審は私の年下だったのですが、数日前、別の試合でも一緒になっていて同じような場面がありました。そのときは試合中に呼ばれて「〇番の選手、カード2枚目ですよ」と指摘を受けたのですが、私がノートに記入していて「いや、1枚目だから」というやりとりをしていたのです。この件があったので、今日は呼べなかったと試合後に聞かされました。

当時は「主審が中心」という考えが主流でしたし、主審にもそういった振る舞いが実際に求められていました。ましてや、主審が先輩ならなおさらです。私も副審をやっていてファウルだと思っても、主審が先輩だったら一度も旗を上げたことがありません。今思えば、数日前に副審が指摘ミスをしていたとしても、「間違ってもいいから思ったことは伝えてほしい」と試合前に言っておけばよかったかなと思っています。［濱名］

教訓

副審が言いやすいオーラ醸し出し

【覚え書き】
経験や年齢の違いがあったとしても、副審が感じたことを気軽に伝えられるような働きかけをしたい。

ＰＫを示す笛をとっさの判断で ゴールインの笛に変える

ペナルティーマークを指す動作を無理やり反転して……

１９９０年代の全国高校選手権でした。ゴール前右45度付近から、攻撃していたチームの選手が打ったシュートに対して、ペナルティーエリア内にいたＤＦがハンドリングを犯しました。右手にボールが当たり、ゴールから逸《そ》れていく軌道をしっかりと確認して「ペナルティーキックでＤＦに対してレッドカード」という判断を下し、笛を吹きました。

ところが、外れると思っていたボールが空中で風にあおれたか、回転の関係か分かりませんが、コースが変わってゴールに入ったのです。「どうしよう」と瞬時に考えた結果、そのまま「ピーーッ」と笛を長めに吹きながら、ペナルティースポットを指すべく出していた手を、体をぐるっと反転させながらさらに１８０度回してセンターマークに向けました。

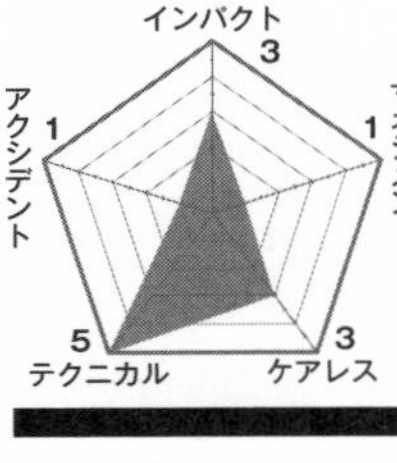

結果的にシュートがゴールに入ったことは疑いのない事実です。にもかかわらず、得点を取り消してDFにレッドカードを出し、ペナルティーキックにするべきなのか悩みました。笛を吹き始めたのはインプレー中でしたが、瞬時に考えてゴールインの対応に変えました。

得点はサッカーにおける最大の喜びでもあるので、得点を認めたほうが、いわゆる競技規則における「コモンセンス」に沿っているといえる。もしDFを退場にして、さらにペナルティーキックが外れたら目も当てられないのも事実――。こうした点から考えると、結果オーライだった部分もありますが、自分で判断を下してペナルティーキックの笛を吹いただけに、振り返ると非常に恥ずかしい話です。あの判断自体に悔いはありませんが、DFの手に当たったボールの軌道をよく見極めてから対応してもよかったかもしれません。[梅本]

教訓

決定機 刮目《かつもく》の笛こそ 一呼吸

【覚え書き】
得点に関わる場面での笛は決意が求められるが、だからこそ状況を見極める余裕があるとなおよい。

PKだと主審に進言したが、映像を見直して呆然とした話

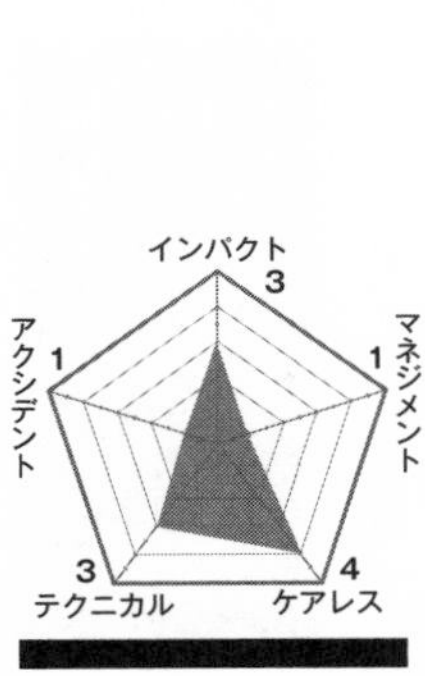

明らかにペナルティーエリアの外だった

Ｊ２時代のアルビレックス新潟の試合だったと記憶しています。相手チームの攻撃に対して、新潟の選手がトリッピングのファウルを犯しました。主審も笛を吹いており、自分の中ではペナルティーエリアラインにギリギリかかっていたと思い、ペナルティーキック時のポジションに移動しました。主審との直接のやりとりはありませんでしたが、私がポジションに移動をしたのをみて主審もペナルティーキックにしたという記憶があります。

その夜、テレビでこの場面のリプレーが流れていたのですが、「あ、やっちゃった」と思いました。映像をみると、ファウルが起きた地点は明らかにペナルティーエリアラインから1メートルほど外でした。今思えば、攻撃側の選手が前にあるボールを追いかけている状態で後ろからトリップされ、そのままペナルティーエリア内に倒れ込んだことで、ファウル地点を見誤ったのかもしれません。

たしかに、ファウルをした新潟の選手からは「違う!」と言われ、ほかの選手からも抗議は受けていました。救いだったのは新潟が勝ったことでしたが、なぜ明らかにペナルティーエリア外で起きたファウルをエリア内と判断してしまったのか。これについては、冷静に考えて判断を下したというよりも、自分の中で決めつけていた部分があったのだと思います。

ちなみに、主審は自分よりもキャリア、年齢とも若い(浅い)人でした。年上の副審が自信ありげにペナルティーキックの対応をとったことで、疑問を抱く余地がなくなったことも否定できませんね。[谷内]

教訓

見返して目を疑うミス　思い込み

【覚え書き】
振り返れば気づく明らかなミスジャッジ。思い込みや決めつけが、冷静な判断の足を引っ張ってしまう。

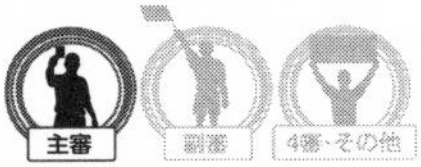

出そうと思ったイエローカードがポケットに入ってない！

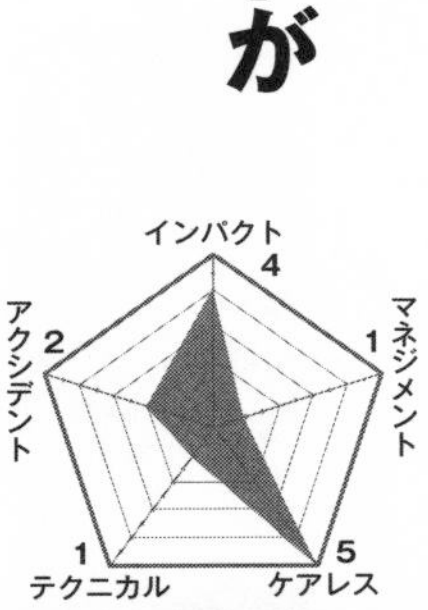

副審に聞いても、4審に聞いても持っていない

試合中、意外な形で選手に助けられた話です。1990年のJSLカップで本田技研と古河電工の試合だったと記憶しています。後半、本田の選手にイエローカードを出そうと思ってウェアの胸ポケットをみたら、カードが入っていなかったんです。

前半はポケットに入っていることを確認していたのですが、ハーフタイムにウェアを着替えてカードを入れ替えたあと確認を怠ったのか、見当たりません。副審1に聞いたら持っていなくて、副審2に聞いても持っていない。4審に聞いてもやはり持っていない——。当時は副審や4審もカードを持たないケースが多く、ハーフウェーラインの横（ピッチ脇）にカードを置いて必要があるときに対応したこともあったくらいでした。

さすがに困りました。そのとき、古河の選手が「小幡さん、どうぞ」と持ってきてくれました。私がフィールドの中に落としてしまったのを拾ってくれたのです。今ではカードを入れるためのケースがあり、ウェアのポケットにはフタやボタンがついていますが、当時はケースもなくカードは１枚ずつ入れていましたし、ポケットにもフタがありませんでした。走っているうちに飛び出して、落ちてしまうことがよくあったのです。この件をきっかけに、カードは２セット持つようになりました。

ちなみに、警告を出す際にカードがない場合、口頭で伝えてもＯＫです。その意味ではこのとき競技規則上は問題ありませんでしたが、カードを出そうとしてみつからず、あたふたしたあとに口頭で伝えていたらみっともなかったですね。【小幡】

教訓

ポケットに忍ばすカード　２セット

【覚え書き】
不測の事態に備えカードは2セット用意しておく。ウェアを着替えたら入れ替えるのを忘れないこと。

主審　副審　4審・その他

試合後、乱入したサポーターが背後からまさかのキック！

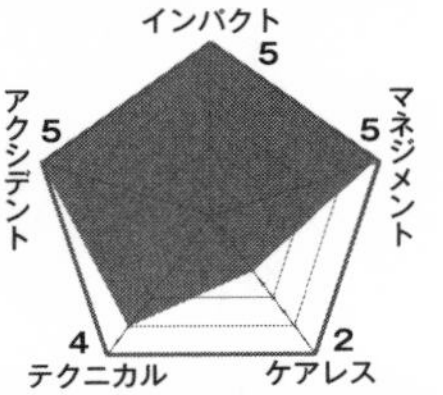

ハンドを確認できず、直後にゴールが決まる

試合は終了直前にアルビレックス新潟がゴールを決めて勝ちました。その前にベガルタ仙台のゴールキックがメインスタンドからみて左サイドであり、私はベンチ側にボールが蹴られるだろうと思い、メインスタンド側のタッチライン際に開いていました。ところが、ボールはバックスタンド側に蹴られ、その後、ハーフウェーライン付近で新潟の選手がハンドをしたんだと思います。私からは確認できず、そこからパスがつながってシュートが入ったのです。

試合後のアセスメントレポートには、「ロスタイムに入ってからのハンドリング(とみた)の判定だけが悔やまれる。一つの判定の重みを心に刻みもう一つ上を目指したい」と書かれていました。

確かにハンドがあったと思われる瞬間、仙台の選手からアピールはありましたし、サポーターも騒いでいたと思います。ただ単純に、自分がいた場所からは

▶ MATCH & SCENE

1999年10月24日
J2リーグ第32節（@仙台）

仙台 0－1 新潟

主審：大西弘幸、副審：越山賢一、手塚洋
4審：伊藤正悦

89分に新潟・リカルドのシュートが決まり、新潟が勝利。直前のプレーで新潟の選手にハンドがあったがファウルをとらなかったことに怒った仙台サポーターが試合後、ピッチへ。後ろから主審・大西氏を蹴るという前代未聞のアクシデントが起きた。

ハンドに気がつきませんでした。副審からも指摘はなかったので、審判の位置からは分かりにくかったけれど、観客席からはよくみえていたということなのでしょう。

ちなみに今でも、当時のゴールキックの状況が思い出せません。タッチライン際にいたということは選手が何人かサイドに寄っていたと思うんですが、逆サイドに蹴られたということは逆サイドにもそれなりの選手がいたのかどうか……。

試合後、整列したとき背中に衝撃を受ける

ほどなくして試合終了の笛を吹き、両チームの選手と審判がメインスタンド側を向いて整列し、挨拶をするときでした。私はピッチの中央付近にいたのですが、そこで背中から腰くらいにかけて衝撃を受けました。

▶ワンポイントアドバイス

ゴールキック時のポジション取り

ロングボールを送り込むゴールキックでは、誰をターゲットにしているかを考えて位置取りを行いましょう。加えて、ボールをどこにセットするか、ターゲットの選手はどこにいるのか、キッカーの目線などをみてチームの狙いを感じ取り、プレーの邪魔にならないスペースに、なおかつキックの軌道に対して縦関係での監視にならない位置を取るように心がけましょう。ただし、ここで紹介したケースのように選手をあえてサイドに寄せておき、相手の守備が薄くなる逆のスペースを狙う場合もあるので、キックされたあとの修正がやはり大切です。（大西）

一瞬、何が起きたのか分かりませんでした。振り返ると、選手がサポーターらしき人を取り押さえている。ピッチに入ってきて、後ろから蹴られたんだなとそこで気づきました(あとから冷静に考えると、バックスタンド側から柵を乗り越えてピッチ内を50メートル近く走ってきて、よく誰にも気づかれなかったな、とも思いました)。

衝撃は倒れるほどのものではなく、少しよろけた程度でしたが、ただただ呆気にとられました。私が蹴られたあと、選手や審判がどういう反応を示したのか、そのサポーターがどのようにピッチから連れ出されたのかについては記憶がほとんどありません。ただ、そのサポーターからしつこく何かを言われたことはなかったと思います。一方で、その時点でやはり自分がミスをしたんだ、ハンドを見逃してしまったのだろうと気がつきました。

しばらくみることができなかった試合の映像

その日の夜のニュース番組で、この場面の映像が流れたというのは聞きました。Jリーグが始まってからレフェリーがサポーターから物を投げられたことはありましたが、暴行を直接受けたことはなかったと思います。当時は審判が判定を一つでもミスしたらスポーツ紙でもスペースを大きく割いて取り上げられていたので、これは大きな事件として扱われたのでしょう。テレビで映像が流れたこともあり、その後はかなり叩かれました。

私自身、そのときの映像はしばらくみることができませんでしたが、何カ月か経って、ようやくみられるようになりました。ハンドの場面は確かにハンドだと思いましたし、あらためて自分が見逃していたんだと気づかされました。蹴られた場面もみましたが、そのときの感想は覚えていないですね。

この試合の経験を通して、周囲から叩かれることに慣れたのはあるかもしれません。映像をみられない期間があって、

▶リバースアングル

サポーターによる事故

サポーターによるピッチの乱入はこのエピソードの前にもありました。乱入などサポーターに関する事故の理由としては、①クラブの成績不振による不満、②審判の判定に対する不満、③相手サポーターに対する不満、の3つがあるとされており、これらを審判自身が理解することがまず大切です。警備体制との協力が求められますが、審判自身が最悪の状態を想定した危機管理を怠らないことです。以前は、「更衣室から出て、戻ってくるまでが審判の任務」だと言われていましたが、現在は任務として意識すべき範囲は広がっていると言えるでしょう。(小幡)

みられるようになって、人にも話せるようになった。少しずつ自分をさらけ出せるようになったという意味で、強くなれたのかもしれません。

もちろん、失敗は失敗として受け入れるべきですし、反省しないといけないし、そこから学ばないといけない。でも、ただ悪い方向に引きずってばかりいても何も始まらない。失敗をどう受け止めて、どう消化すればいいのかが身についた気がしますし、それを成長につなげることができるようになったのかもしれません。

私が１級審判になったのは１９９６年でした。最初の３年間は副審をやっていて、主審になったのがこの試合のあった99年です。主審になった最初の年の経験ということもあって、自分の中でも胸に刻まれている試合です。［大西］

教訓

ヘコむ間に たくましき根 下に伸び

【覚え書き】
失敗を悔やみ、次に踏み出せないときでも、受け入れることで「強さ」は少しずつ身についているものだ。

肉離れで途中交代。偽りの記事を書かれ、心身ともに傷を負う

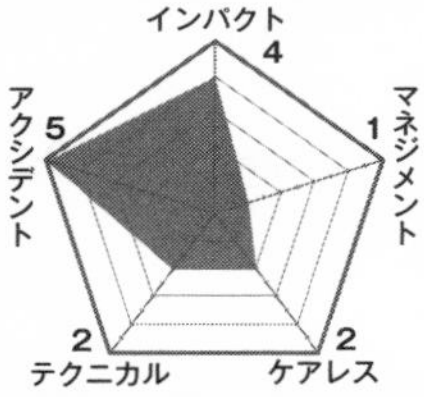

オフサイドの対応で、ふくらはぎが悲鳴を上げる

ガンバ大阪がホームの大阪ダービーで、前半40分近くだったと記憶しています。ガンバに足の速い外国人選手がいて、オフサイドポジションにいた状態でパスが出てきました。当時はオフサイドに関する競技規則の変更があり、オフサイドポジションにいる選手にパスが出ても、その選手がボールに触る地点まで走り、状況を見極めて対応することになっていました。

出されたパスにスピードがあり、こちらも追いつかなきゃいけないとスピードを上げたときにふくらはぎが「ブチッ」となりました。必死に追いかけて、その選手がボールに触れた時点で旗を上げてオフサイドになりましたが、痛みがかなりひどい状態でした。その後、前半終了間際にガンバのコーナーキックで宮本恒靖選手のヘディングシュートが入ったんですが、カーブがかかったキックが一度ゴールラインを割っていたので（痛みをこらえながら）フラッグアップ

▶ MATCH & SCENE

2005年7月23日
J1リーグ第18節（@万博）

G大阪4－1C大阪

主審：柏原丈二、副審：南浩二（長谷忠志）・石川恭司
4審：長谷忠志

前半途中、副審1を務めていた南氏がオフサイドを見極めようとランニングスピードを上げた際、ふくらはぎに肉離れを起こし、ハーフタイムで4審の長谷氏と無念の交代。試合はC大阪が先制したが、その後4点を奪ったG大阪が快勝している。

しました。ノーゴールとなり、ゴールキックで再開されました。

ハーフタイムとなり、控え室に戻るときに主審と副審で話していると、宮本選手が来て「南さん、あれ本当にラインを割ってました？」と聞いてきたので、「ボール一つ分くらい割ってましたね」と話しました。とても穏やかなやりとりでした。

控え室に戻り、やはり痛みが引かなかったので後半から私が4審になり、4審の方に副審を代わってもらいました。

翌日、スポーツ紙に思いもよらぬ記事が

翌朝、審判仲間から電話がかかってきました。「南さん、スポーツ紙に載ってますよ！」と言われ、慌ててコンビニに買いに行きました。記事を読むと、終面に「主審に従わなかったため、南副審が後半から交代させられた」と書いてあったのです。

ONE POINT

▶ワンポイントアドバイス

副審の走路の状態も確認しておく

南氏も言うように、万博陸上競技場は陸上競技の跳躍種目の走路と砂場がピッチに隣接しており、副審1の走路の幅がわずか30センチほどしかありません。しかも当時はその芝が深くて荒れており、足が取られやすいため副審の方は苦労していたようです。また、会場によっては芝が荒れるからという理由で、副審だけスパイクの着用が禁止されていたところもありました。トレーニングシューズだと滑りやすく、細かいステップやターンがどうしても難しくなります。副審の方は走路のコンディションも確認して、対応する必要があると思います。（小幡）

宮本選手の得点を取り消し、直後に宮本選手と話していたことを曲解された可能性が高いのですが、いずれにしても事実と全然違うことを書かれてショックでした。Ｊリーグと日本サッカー協会に連絡して記事の存在と経緯を説明し、記事を掲載した新聞社にも電話をしました。「ちゃんと調査して対応します」と言われましたが、その後、連絡は一切ありませんでした。

今振り返ると、やはりケガをしたことが悔やまれます。ウォーミングアップはいつも通りやっていましたし、日ごろのコンディショニングも怠っていなかったつもりですが……。環境のせいにしてはいけないのですが、会場の副審の走路が狭い上に芝が長かったことも影響したのかもしれないと、少し思っています（笑）。

その後のメディアの取り上げられ方も含めて、とても印象に残っている試合です。［南］

教訓

交代の負い目に悔やむコンディション

【覚え書き】
体調管理や当日のウォーミングアップはもちろん、副審は走路のコンディションにも上手に対応すべし。

スキラッチ選手を退場にしたらペットボトルが投げ込まれた

５００ミリリットルのペットボトルが頭を直撃

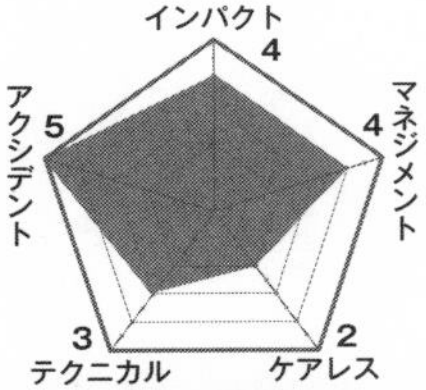

１９９４年に行われたジュビロ磐田対ジェフ市原の試合でした。90年イタリアＷ杯の得点王であり、当時磐田に所属していたスキラッチ選手がＦＷで出場していました。そのスキラッチ選手が試合終盤にホーム側のペナルティーエリアの中で、はっきり覚えていないのですが、相手のシャツを引っ張ったか、ほかの反則をしたため私は警告として対応し、その後レッドカードを出しました。記録を確認したら警告が85分、退場が87分になっているので、警告を出したあとに彼から異議があったのかもしれません。

レッドカードを出した直後、ゴール裏の２階席からペットボトルが投げ込まれました。おそらく退場の判定に不満を持ったジュビロのサポーターでしょう。５００ミリリットルのサイズで水が半分くらい入っていたものが、私の頭を直撃しました。頭部が少し切れたと記憶していますが、その後のレフェリングに支障はなかったのでそのまま続けました。

試合のあと当時の審判委員長から、危機管理ができていない、と指摘されました。「有名選手に対してレッドカードを出したときは『何かある』と感じておかないといけない。選手はもちろん、観客に対してもそうだ」と言われ、自分は選手にだけしか意識がいっていなかったと反省しました。

ジュビロのホームはサッカー専用スタジアムでスタンドとピッチの距離が近いので、なおさら注意が必要でした。ちなみに、このペットボトル直撃事件をきっかけに、ペットボトルのスタジアム内への持ち込みが禁止になったと聞いています。［小幡］

教訓

名手へのカードに色めく観客席

【覚え書き】
カードを出したあと選手の反応はもちろん、観客席（サポーター）の反応にも意識を払う必要がある。

自信を持ってのジャッジに対してコインを投げつけられる

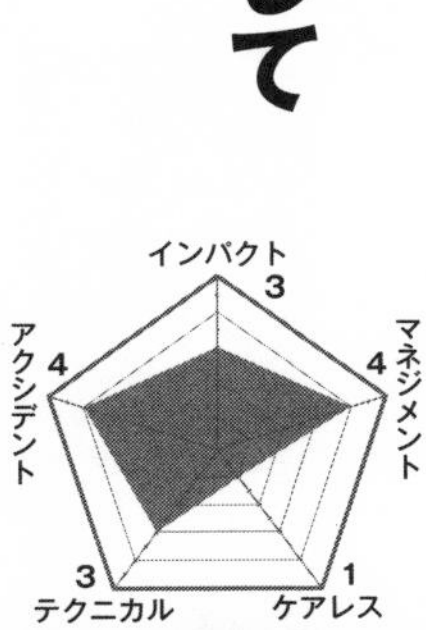

観客席のサポーターから10円玉が投げ込まれる

Ｊリーグが始まってそれほど経っていない時期だと思いますが、日本平での清水エスパルスの試合です。清水が攻撃を受けていて、相手チームの選手に打たれたシュートをＧＫが指先でコースをわずかに変え、ボールはそのままゴールラインを割りました。角度によっては分かりづらかったかもしれませんでしたが、真横でみていた自分からはＧＫが触るのがはっきりと確認できたので、自信を持ってコーナーキックを指しました。主審の方もこちらの旗に合わせてくれて、コーナーキックとなりました。

私は副審２だったので自分の後ろの観客席は清水サポーターで占められていたのですが、この判定を受けて騒がしくなりました。直後、自分の背後から何かが飛んでくるのが分かりました。

よくみると10円玉が、私の近くに落ちていました。ジャッジが不満で、サポーターが私にぶつけようとして投げ込んだのだと思います。

10円玉はフィールド内まで転がっていました。これが500円玉だったら拾うのにな、10円玉だからどうしようかな、などと余計な感情が頭をかすめましたが、選手にもしものことがあったらいけないと思い、拾いました。もちろん、試合のあと会場担当の方にお渡ししました。観客席とピッチがさらに近いスタジアムだったら当たっていたかもしれませんね。

冷静に振り返ると、あのジャッジは100パーセントの自信がありました。それに対して10円玉を投げられたということは、自分のジャッジには10円の価値しかなかったのかなという思いがこみ上げてきました。1円や5円じゃなくてまだよかったのかもしれませんが(笑)。[南]

教訓

公正でも不服の投銭《とうせん》身をかすめ

【覚え書き】
正しいジャッジを下したとしても一部のサポーターには通じない部分もあるので注意が必要。

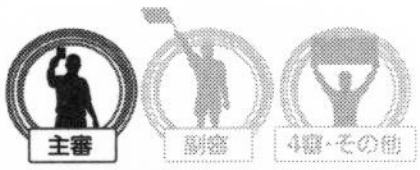

スタンドから飛んできたのは、食べかけのフランクフルト！

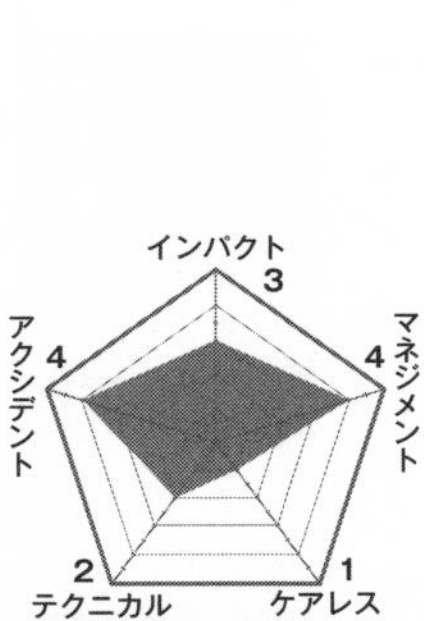

串の先端がまさかのヒットで、手から流血

まだスタジアムのセキュリティーがしっかりしていなかった１９９３年か94年のことです。瑞穂陸上競技場で、名古屋グランパスが負けた試合だったと記憶しています。試合が終わって挨拶を交わし、ピッチを出て控え室に戻るときにメインスタンドからフランクフルトが飛んできて、私の手に当たりました。しかも食べかけで、串の先端が手の甲に当たり、少しですが血が出ました。

うまいこと当ててきたなと思ったと同時に、「どうせなら食べていないやつを投げてこい」と思ったものですが、大して痛みもなかったので、気にも留めませんでした。ただし、試合後の報告書に書いたところ、レフェリーに危害が加わえられたということでホームの名古屋は慌てたみたいです。

試合のジャッジについては、自分の中で何か大きなミスをしたとか、ペナルティーキックを見逃したとか、そういう記憶はありません。サポーターからみたら下手くそと思ったかもしれませんが、自分の中では胸を張って引き揚げようとしていた記憶があります。

当てられたときは確かに驚きましたが、Jリーグが始まったころは似たようなことがありましたし、今のように審判の動線が分けられていたわけではなかったので、こんなことも起きるだろうという感覚でした。だから、「どうなってるんだ!」という気持ちにはならなかったですね。

自分がもう少しうまかったらこんなこともなかっただろうという感じで、次もしっかり準備して、やりきろうという思いを強くしたのを覚えています。【梅本】

教訓

引き揚げる不意打つ刺客　空《くう》を裂き

【覚え書き】
意外なタイミングで物が投げつけられることもある。控え室に戻るまでは気を抜かないことが大切。

背中に降り注ぐヤジがバリエーション豊かだった

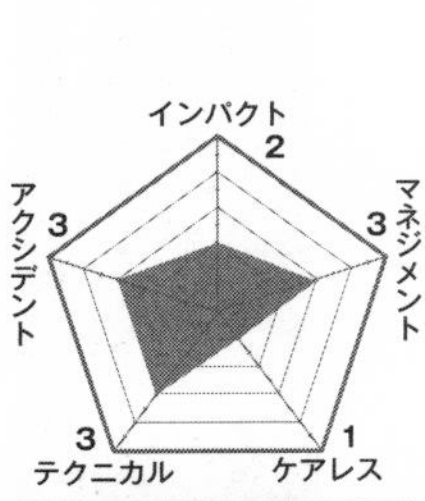

軽いヤジが乱れ飛んだJリーグ開幕直後

副審をやっている方なら誰しも経験があると思いますが、「ヤジ」の話です。１９９４年のジュビロ磐田スタジアムの試合でした。サッカー専用スタジアムなので、スタンドからピッチまでが近いため、サポーターの方からいろいろと声をかけていただきました（笑）。

当時は副審２を務めることがほとんどでしたので、バックスタンドにいた方ですね。誰がみても分かるようなオフサイドの場面で旗を上げるとブーイングをしてきて、「このハゲ、オフサイドじゃない！」と一喝されました。後半になって、今度は対戦相手の攻撃で明らかなオフサイドがあって旗を上げると、「おまえもやればできる！」と励ましてもらいました。おそらく同じ人が言っていたんだと思います。ジュビロが勝ちさえすればいいというサポーターだったのでしょう。

Ｊリーグ初期は、バックスタンドでもクラブロゴが入った手持ちの旗が多く振られており、サポーターの目が肥えていたとはいえませんでした。副審のジャッジに対して正当な評価ができる人も少なく、このような軽いヤジがとても多かった印象があります。もちろん、サポーターからのヤジ自体はその後も少なからずありましたし、スタジアムの電光掲示板に審判員の氏名が表示されるようになってからは〝苗字入り〟のヤジもいただきました。

ときには辛辣《らつ》な言葉を浴びせられることもありましたが、いちいち反応して肩を落とすわけにもいきません。そこで私は「自分のことをみてくれているのか、ありがとう。よし頑張るぞ」と、むしろエネルギーにしてしまおうと思っていました。［谷内］

教訓

ヤジ・罵声 注目の証《あかし》 力とせむ

【覚え書き】
心ないヤジを受けることもあるが、自分を注目してくれている、力にしようというプラス思考も大切。

セキュリティー0《ゼロ》の会場で試合後、サポーターに囲まれる

主審ともう一人の副審は足早に控え室から出ていった

１９８７年に開催された沖縄国体少年の部での神奈川県選抜と静岡県選抜の試合でした。神奈川には当時すでに読売クラブのトップチームでプレーしていた菊原志郎選手がいて、優勝候補にも挙がっていたと思いますが、後半に菊原選手が退場となり、チームも敗れました。

試合後、競技場脇のプレハブ小屋で着替えていたのですが、外がガヤガヤし始めました。私はこの試合を担当していない審判仲間と一緒に帰ることになっており、シャワーを浴びて「いやぁ、退場があったねー」などとのんびり話しながら帰り支度をしていたのですが、主審ともう一人の副審、インストラクターの先輩方は「あとはよろしく」とそそくさと出ていきました。「なんでそんなに慌てて帰るんだろう」と、首を傾げるほどの不自然さでした。

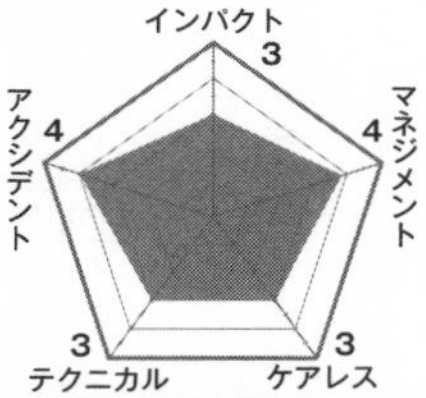

しばらくして私たちが帰ろうと建物を出たら、10人以上はいたと思いますが、神奈川県選抜のサポーターに取り囲まれました。「あなたどこの審判ですか？　なんで退場になったんですか⁉」といきなり詰め寄られました。菊原選手の退場に私は一切関わっていなかったのですが、当時の自分は無視することしかできず、友人とともにそこから足早に去りました。後ろから「卑怯者《ひきょう》！」と怒鳴りつけられました。

おそらく、先輩方は外の雰囲気が悪くなってきた時点で、「これはヤバイ、退場について絡まれる」と察したのでしょう。「こんなことになるなら一緒に帰っておけばよかった」と思いましたが、あとの祭りでした。危機管理は審判の務める上で欠かせない要素ですが、これも危機管理の一つだなと痛感しました。［谷内］

教訓

研《と》ぎ澄まし　ヤバイと思えば　即撤収

【覚え書き】
審判にとって状況判断は試合中だけでなく試合前後、ピッチ外も必要だ。異変を感じたら逃げるべし。

鳴りやまぬシグナルビープ ピッチ脇に置いたら叱られた

雨の中、2~3分間鳴りっぱなしで耐えられず

シグナルビープが導入された最初のシーズンだから、2000年だったと思います。場所は広島で雨の中での試合でした。シグナルビープは、主審は受信機が入ったマジックテープ付きの布を腕に巻き、副審が旗のグリップについている送信機のボタンを押すと、バイブ機能が作動して「ピーッピーッ」という大きなアラーム音が繰り返し鳴るしくみでした。今では副審がオフサイドで旗を上げるときにはボタンを押すような指導がされていますが、当時は副審のフラッグアップに主審が気がつかないときなどに押すことになっていました。

ところが前半途中で腕につけた受信機が作動して音が鳴り、そのまま鳴りやまなくなりました。「どっちからだ?」と思って、二人の副審をみてもまったくこちらをみておらず、4審も気づいていない。意図的に鳴らしているわけではありませんでした。近くにいた選手からも「鳴ってますよ」と突っ込まれ、「それは分かってる、分かってるけど鳴ってるんだ」と返したり、結局2～3分くらい鳴りっぱなしだったと思います。さすがに困って、アウト・オブ・プレーになったときに外して、タッチラインの外に置きに行きました。私としては普通に置いたつもりだったのですが、その様子をみた関係者には「投げ捨てた」と映ったようで、まったくの誤解ながら試合後には叱られ、散々な目に遭いました。

あのときのものは水に弱かったのかもしれませんし、ほかにも誤作動はあったと聞いています。シグナルビープは巻いたときにきついと気になるし、ゆるいと落ちるし、その後も私はうっとうしく感じることが多かったですね（笑）。［片山］

教訓

誤作動に動揺しない「機器管理」

【覚え書き】
新しい機器の導入時は問題も生じる。誤作動が起きた際もうまく対応する心構えを養っておきたい。

シグナルビープの旗が飛んでいき続行不能。慌てて取り替える

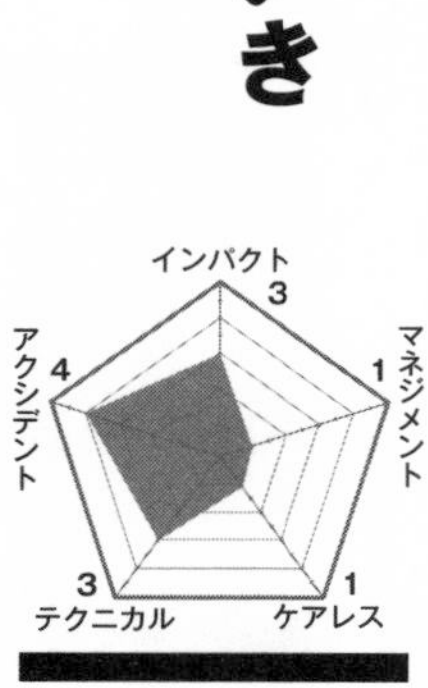

気がついたら、旗の先がなくなっている！

シグナルビープを導入した２０００年くらいのことです。いくつかのメーカーのものを試していたときだと思いますが、あるメーカーのものを初めて使うことになりました。

前半早々、ゴールライン近くまで走ってゴールキックを指し、ＧＫがゴールキックを蹴って守備側のディフェンスラインが上がったので、ついていったら手元が急に軽くなっていました。パッとみたら、グリップ部分から先の旗がなくなっている!!　慌てて振り返ると、近くに旗と柄《え》の部分が落ちていました。シグナルビープの送信機は旗のグリップ内部に埋め込まれ、送信機のアンテナなどが柄の部分の内部にあったので、構造的にグリップと柄の部分が外れやすくなっていたのだと思います。

とにかく焦りました。ボールがこちらに来ないことを確認して旗の部分を素早く拾いに行き、そのままアウト・オブ・プレーになるまで待って、旗を上げて主審を呼びました。ちなみに、旗とグリップは分離していたので旗の部分だけを両手で持って掲げるという、少し恥ずかしい状態でした。

試合は国立競技場で行われていて、テレビ中継がありました。私は副審2だったため、テレビカメラに旗があまり映らないように、おなかのところに隠すようにして主審にみせ、壊れたことを伝えました。ただし、替えの旗はすぐに渡してもらえず、しばらくそのままの状態で続けることになりました。幸い、私のほうにボールは飛んでこなかったので再び両手で旗を上げる機会はありませんでした。［山城］

教訓

要確認 思わぬ難あり 新製品

【覚え書き】
新しい機器を初めて使うときは、控え室の中やウォーミングアップで使うなどしてチェックしたい。

断っていたJ開幕戦
何もかも違う雰囲気で
実感した真理

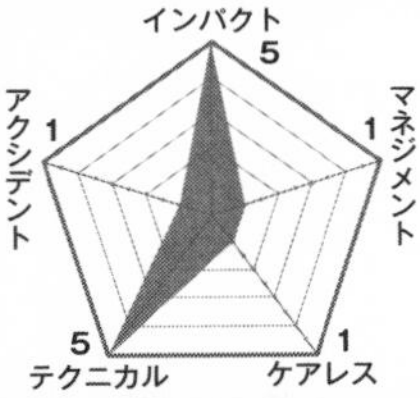

割り当てを2回断るも、最終的に受け入れる

私が主審を務めさせていただいたＪリーグ開幕戦は、試合前も含めて印象深いことがたくさんありました。開幕を控えたある日、最初に割り当ての連絡をもらったのは5月16日(日)の試合でした。ところがその後、理由は教えてもらえませんでしたが、リーグの事務局から15日の開幕戦に変更になったという連絡を受けました。

最初はお断りしました。私は当時41歳で、国際審判になってまだ2年目でした。国内でも若いほうで、実績も経験も兼ね備えた先輩がたくさんいるのに、という思いが一つ。もう一つが、こんなに大きな試合を担当して何かトラブルがあったらリーグ全体に水を差すことになるかもしれないという思いでした。おそらくもう1回くらい事務局から打診があり、それも断ったのですが、最終的には根負けする形で引き受けました。

▶ **MATCH & SCENE**

1993年5月15日
Jリーグサントリーシリーズ第1節（@国立）

V川崎 1－2 横浜M

主審：小幡真一郎、副審：菊地秀夫、塩屋園文一
4審：菊池光悦

日本プロサッカーの幕開けとなった歴史的一戦は、横浜マリノスが宿敵ヴェルディ川崎に逆転勝利。入場者数59,626人はＪリーグの長い歴史の中で現在でも7位にランク。大観衆の中で、主審・小幡氏の冷静なレフェリングは試合に安定感をもたらした。

とはいえ、開幕戦の担当を引き受けたからといって、試合前に何か特別なことをしたわけではありませんでした。そもそも割り当ては試合前に外部に漏らせないので、誰かに相談することもできません。救いだったのは、マリノスの試合を前の年に2～3回担当していたこと。チームとしての特徴が分かっていたのは大きかったですね。ヴェルディも担当した試合数はあまりありませんでしたが、ある程度のイメージはありました。

試合前日に新宿のホテルに泊まり、そこから電車を使って会場に入るのも、それまで国立競技場での試合を担当するときと同じでした。前日も普通に睡眠はとれました。

いつもと違う異様な雰囲気、高まる緊張感

▶審判の流儀

大きな試合に臨む心構え

大舞台では選手も緊張するものですし、審判も緊張することは大切です。その中で、緊張し過ぎないように考え方を変えられるとよいでしょう。ポジティブに考えるだけではなく、「あんなことが起きるかもしれない」という最悪の事態を想定し、対策や準備をしておけば「何が起きても大丈夫」と思えるのではないでしょうか。そして、ゲーム中は「全力でやろう」「何があっても決してへこたれない」と思って「次のプレー、また次のプレー」と集中することです。まずは、緊張している自分を認めることから始めてはいかがでしょうか。（小幡）

会場に入って、いつもの試合と違うことを実感しました。リーグの関係者も含めて、とにかく人がたくさんいて、動線も全く違う。しかも当時は、選手・審判を含めてピッチでのウォーミングアップはしておらず、国立競技場ではメインスタンド下のスペースで行っていたため、試合前の会場の様子が一切分からないままでした。川淵(三郎)チェアマン(当時)が開会宣言をしたのも、TUBEの春畑(道哉)さんのギター演奏があったのも、帰宅してビデオで見て初めて知りました。

ピッチに入場する前に選手とスタンバイしているときが一番緊張しました。運営スタッフから「ここから入って、こう進んで、このタイミングで笛を吹いて……」と伝えられましたが、ほとんど覚えていませんでした。副審のヒデさん(菊地秀夫)、エンヤさん(塩屋園文一)に教えてもらってこなしていたという感じです。いずれにしても、場内が真っ暗になりスポットライトが当たる中で入場するとは想像していなかったので、単純にすごいなと思っていました。

ピッチに入ってコイントスをするくらいまでは緊張していましたが、試合が近づくにつれて徐々に解けていました。もう逃げようがないですし、なるようにしかならない。最後は「選手、ヒデさん、エンヤさんよろしく」という感じでした。

いつも通りのレフェリング、選手に助けられた90分

試合が始まってからは、いつも通りに臨むことができました。この約1カ月前に海外での試合を経験していたのがすごく大きかったんです。4月18日にドーハで行われた地元カタールと北朝鮮のW杯予選で、観客は約5万人。すべて白い民族衣装を着た男性で、太鼓の音が常に鳴り響いていました。Jの開幕戦は6万人近い観客が入っていましたが、事前に異様な雰囲気の中で笛を吹いていたのは、感覚的にもかなりプラスに働きました。

▶リバースアングル

RIVERS ANGLE

〝一発レッド〟をスルーしてしまった

高い評価をいただいたこの試合ですが、失敗もしています。後半、柱谷（哲二）選手が足の裏で井原（正巳）選手にタックルに行ったシーンは今なら一発レッドですが、私はノーカードでした。井原選手からも、マリノスのほかの選手からも何も言われませんでした。当時はボールにさえ行けば、そのあと体に当たってもファウルではないという感覚がありました（試合後、審判指導者から言及されませんでしたが、少なくともカードは必要です）。加えて、この試合は選手たちがとにかく自分のプレーに集中していたのも大きかったと思います。（小幡）

試合については都並さんとの対談（第3章）で話していますが、選手に助けられた思いが強いです。通常、公式戦では一人の審判指導者がレポートに評価コメントを記入しますが、この日は3人の方がコメントを入れていて、皆さんから高い評価をいただきました。こういった試合ではトラブルなく普通に終わることが一番大事なので、それがプラスに働いたのでしょう。

私としては無事に試合が終わって、とにかくホッとしました。日本サッカーの歴史的な1ページを飾ったという意識は当時まったくありませんでしたし、現役を退くまでもなかったですね。1試合1試合、目の前の試合をしっかりとやることしか考えていませんでしたから。

「選手と審判が一緒になってゲームを作るんだ」とあらためて感じた試合でした。その中でも審判は、選手がプレーするのを整える、サポートに徹することの重要性を学びました。【小幡】

教訓

異色のウェア 一体となり 名勝負

【覚え書き】
試合は選手と審判が一緒に作るもの。ましてや名勝負では選手と審判の一体感が作り出されるものだ。

豪雨の影響で大渋滞車中でキックオフの時刻を迎える

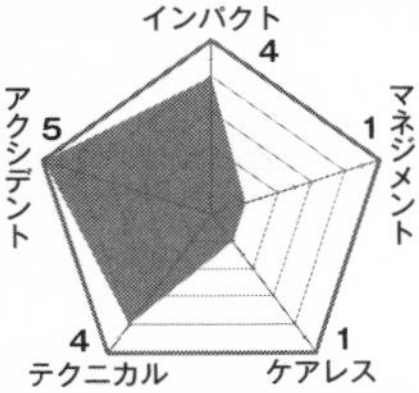

2時間で着くところが3時間たっても車が動かない

鳥栖で19時キックオフの試合でしたが、その日は福岡県を中心に集中豪雨があり、博多駅の地下が水没するなどの大きな被害が出ていました。

私は山口県に住んでいましたが、朝の時点で天気が不安だったので、サガン鳥栖の運営委員に連絡をとり、その方から日本サッカー協会（ＪＦＡ）に連絡してもらいました。私たちは普段、会場に車で行くことは認められていませんが、電車で行くほうがリスクは高かったので、車で早めに出発してもよいかと問い合わせてもらったのです。鳥栖、ＪＦＡから了解がとれたので、12時くらいに家を出ました。普通なら2時間ほどで着くので、さすがに余裕を持って着けるだろうとそのときは思っていました。

ところが、福岡県に入ったあたりで車がだんだん動かなくなりました。土砂崩れがあったようで、高速道路から一向に下りられません。17時までには会場

▶ MATCH & SCENE

2003年7月19日
J2リーグ第23節（@鳥栖）

鳥栖０－１新潟

主審：原田秀昭、副審：岡野尚士、原田昌彦
4審：浦道慎二

当初、主審を務める予定だったのは田邊宏司氏だったが、福岡県内で起きた土砂崩れによる大渋滞で足止めに遭う。事前にサガン鳥栖、日本サッカー協会に事情を伝えていたため、代役として原田氏が主審を務め、予定通り試合は開催。新潟が勝利した。

に入りたかったのですが、15時ごろにこれはまずいと思い、「副審を含めて万が一たどり着けない場合に備え、九州から審判員を探しておいてください。でなければ『審判なしで試合ができなかった』という見出しが新聞に出るかもしれません」と自分からJFAにお願いをしました。

キックオフもタイムアップの瞬間も車の中で

その後も渋滞はまったく解消されず、会場にたどりつける可能性はどんどん低くなっていました。たとえキックオフ時刻ギリギリに着いたとしても、4審ならまだしも主審を務めることはできません。裏を返せば、審判さえいれば試合はできるので、人数さえ揃うことを祈っていました。やがて幸いにも、Jリーグ担当の主審が佐賀県内でみつかってホッとし

▶審判の流儀

私の「キャンセルポリシー」

予定していた審判員がケガをしたり、体調を崩したりしてキャンセルが生じることがしばしばあります。このケースでは迷惑をかける側になってしまいましたが、私自身も「明日行ってほしい」といった急な割り当ては何度かありました。個人的には受けるのが好きでしたし、調子がよいケースが多かったように思います。急な依頼を引き受けるときは慎重になりますし、自分の予定や体調を後回しにしてでも、「とにかくこの試合をやらなきゃいけない、ここでしくじったら代わった人に申し訳ない」という強い気持ちが出てくるからだと思います。（田邊）

ましたが、副審はいなかったようで、代役の主審の方と連絡をとって地元の２級・３級の審判でいいから探しておいてほしいと伝えました。

結局、キックオフの19時になってもまだ高速の上にいました。車がようやく動き出したのは夜の12時くらいで、そのまま山口へと帰りました。私と同様に本州から鳥栖に向かっていた副審の二人は、新幹線を使って何とか時間までにたどり着いてピッチに立てたようです。

今であれば、ホームのクラブが責任を持って気象状況を踏まえた交通情報などを審判やＪＦＡへの連絡をすることになっていますが、当時はそういったノウハウもありませんでしたし、入手できる情報も限られていました。かなり珍しいケースでしたが、その状況下では自分なりに気を利かせて、細かいところまで考えて対応できたと思っています。［田邊］

教訓

先を読み 人事を尽くして キックオフ

【覚え書き】
「これは起きないだろう」とは考えず、起こりうることはすべて考えて対応し、キックオフを迎えたい。

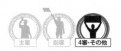

1級審判デビュー戦で選手のボイコット事件4審の席で右往左往

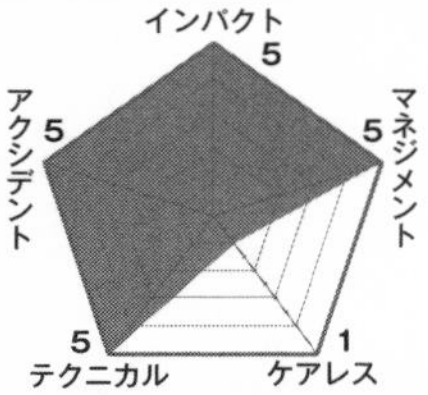

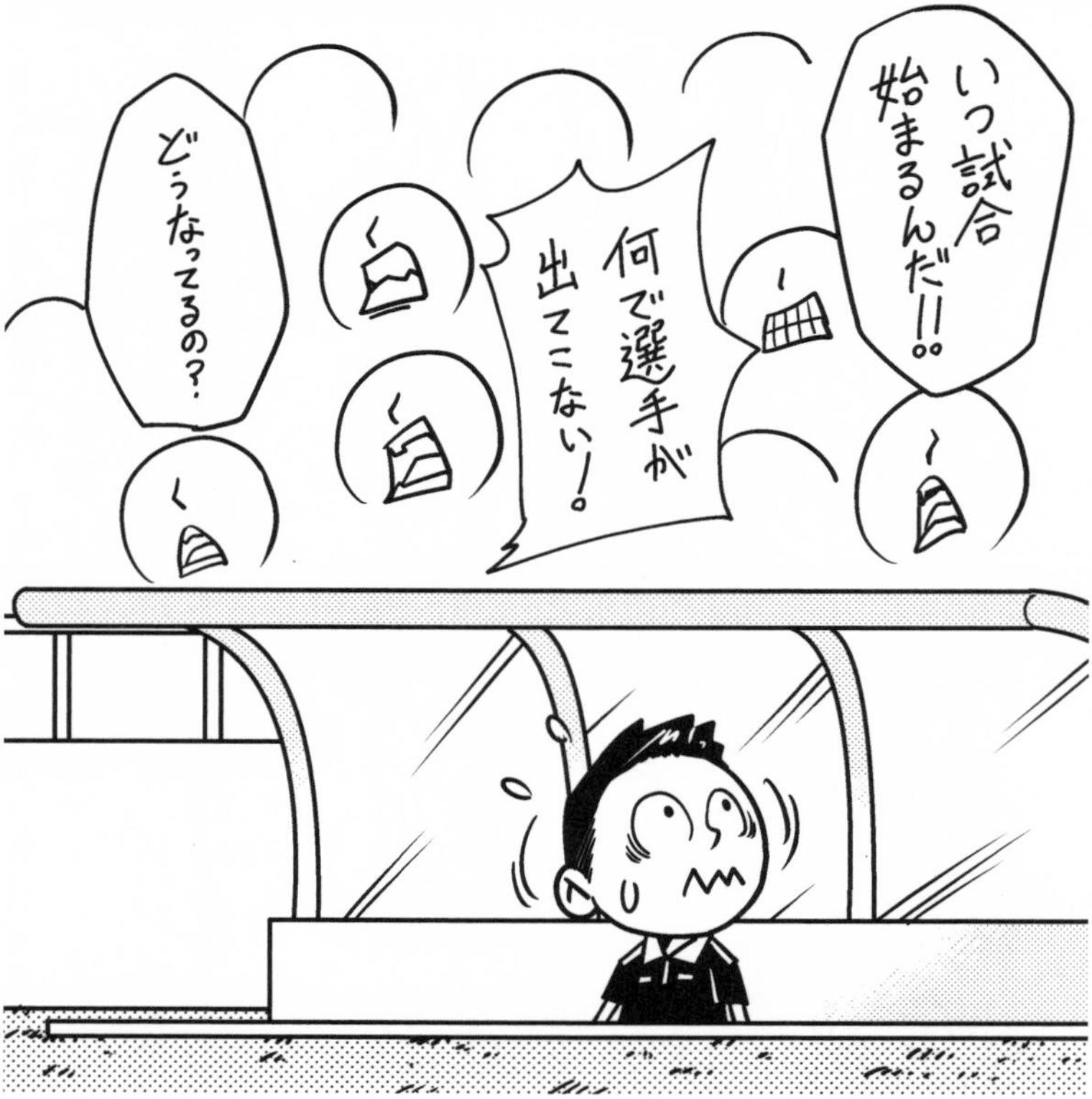

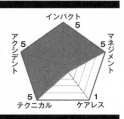

ウキウキのデビュー戦だったはずが、一気に修羅場に

この試合は、私が1級審判になって初めての公式戦でした。ちょうど1級審判の研修会が東京で行われていて、新しく1級になった人にこの試合の4審（当時の名称は予備審）のチャンスが与えられることになり、私のほかにも何人か新1級がいたのですが、負けたくないという思いがあって真っ先に手を上げたんです。地方から出てきて、初めて日本リーグに携われるということで、「このチャンスを絶対に逃すまい」と鼻息が荒かったですね。

1級になりたてで右も左も分からない状態でしたが、当時の4審は私のようないわゆる〝お飾り〟のケースも少なくなく、今ほど重視されていませんでした。当日は主審・副審の先輩からも「とりあえず、お前はそこに座っていればいいから」と言われていて、試合前から4審の席にウキウキ気分で座っていました。

ところが、選手が入場する時間になってもその気配がまったくありません。

▶ MATCH & SCENE

1986年3月22日
日本サッカーリーグ第22節（@西が丘）

三菱重工6－1全日空横浜

主審：岡谷泰吏、副審：山田正、菊池光悦
4審：谷内浩仁

スタメンに名を連ねていた全日空の6選手がピッチでのアップ後に姿を消すという前代未聞の事態が発生。全日空はサブメンバーをやりくりして試合成立に必要な8名で試合はスタート（途中で10人になる）。後日、6選手には無期限の登録停止、全日空には3カ月の公式戦試合出場停止の処分が下された。

両チームのベンチにはすでにスタッフが入っていて、三菱の大仁(邦彌)監督から「どうなってるんだ」と聞かれましたが、状況が分かっておらず、「確認に行ってきます」としか言えませんでした。

スタンドの声にオロオロしながら、何とか試合はスタート

会場の西が丘はメインスタンドからみて右側のゴール裏に選手と審判の控え室があり、様子をみに行くと、主審・副審の先輩が「選手がいない」と顔を真っ青にしながら慌ただしく運営の人とやりとりをしていました。「それってどういうこと?」と思うばかりで、私がそこに入る余地もなかったですし、先輩方が私に意見を求めてくるはずもありません。結局、4審の席に戻って試合が始まるのを待ちました。

▶ワンポイントアドバイス

ONE POINT

トラブルを共有して相手に伝えるのが先決

当時の第４の審判員は「予備審」という名称で役割も現在と異なっていました。審判チームとして一緒にピッチに入場せずにピッチ脇でスタンバイしていたため、このケースでもトラブルを共有するのは簡単ではなかったと思います。今であれば情報共有に努め、ベンチで待つ相手スタッフに現状を説明して、キックオフが遅れることを伝えたいものです。

このエピソードは新聞でも大きく取り上げられ、日本サッカー界にとっても衝撃的でした。こんなことが起こるんだという、一つの危機管理の例として今でも学ぶべき点があると思います。［小幡］

スタンドにはサポーターもすでに来ていましたが、定刻になっても試合が始まらないのでガヤガヤしていました。中には「いつになったら始まるんだ！」といら立ちを隠せない人もいて、そういった声が聞こえるたび背中に冷や汗が流れる感覚でした。何をどうすればいいか分からず、ただただオロオロしていました。

予定よりかなり遅れていたと思いますが、全日空は8人しか選手がいない中で試合が始まりました。その後は通常の４審の業務を行い、試合は大きなトラブルもなく終わりました。とにかく試合が成立してホッとしましたね。開始前は右往左往するばかりで何もサポートできず、「自分の１級審判の人生はこれで終わりか」と半ばあきらめていましたから。自分でもすごいデビュー戦だったと思います。［谷内］

教訓

"飾り《フォース》"から4審のタスク　多岐となり

【覚え書き】
当時は任務が少なかった４審だったが、今では試合をうまく進めていく上でタスクも多くなっている。

クラブがユニフォームを忘れる！テープで貼った背番号に苦戦

サポーターからレプリカを借りて「強行出場」

１９９５年４月１日の横浜フリューゲルス対サンフレッチェ広島の試合です。広島がアウェーとして持ってきたセカンドユニフォームが白で、フリューゲルスのファーストユニフォームと色がかぶってしまいました。本来であれば、セカンドユニフォームの色が相手と同じ場合はファーストユニフォームを着用することになっており、広島は紫色のファーストユニフォームを持参するべきでした。

そんな中でどうしたかというと、広島は試合会場に来ていたサポーターが着用するレプリカユニフォーム（紫）を借りて試合に臨みました。しかも、背番号はテープで貼ったり、縫いつけたりして対応したようです。私はこの試合で主審を務めましたが、試合前から広島のスタッフがバタバタしていたのを覚えています。

試合直前、いつものように選手のウェアや用具のチェックをしたときは、かなり驚きました。レプリカのユニフォームは色や形が微妙に違っていて統一感がありませんでしたし、明らかにサイズが合っていない選手もいました。背番号も縫いつけられたものがありましたが、すぐに外れそうで大丈夫かなと。とにかく違和感がかなりありましたね。試合中も背番号の見分けがつきにくくて、やりづらかったのを覚えています。

こんなことがＪリーグで起こるとは思っていませんでした。今なら没収試合になってクラブに罰金が科されると思いますが、それが許された時代でもあったということでしょう。試合は広島が１－０で勝ちましたが、これこそサポーターの力によるものですね。［小幡］

教訓

ともに戦う　サポーター
底なしの愛

【覚え書き】
サポーターの力がなければ勝利はおろか試合もできなかった。サポーターはいつの時代も偉大である。

コイントスの様子がテレビで映り安い硬貨を使うなと叱られる

角度、タイミング、誤解が重なった

１９８８年の全国高校選手権、大宮サッカー場での試合でした。試合前に行うコイントスのコインで、当時は日本の５００円記念硬貨を使っていました。

何のコインを使うかはそれぞれの審判でこだわりがあって、私はそれまで外国のコイン（貨幣ではないもの）を使っていました。ただ海外のものは表と裏で重さのバランスが異なり、どちらかの面が出やすいと言われていました。日本のものはバランスがよいので、このときは使っていました。

コイントスには投げ上げたものを手の甲でキャッチする方法と、そのままピッチに落とす方法が主にあります。前者だとしっかりキャッチできない場合、もう一度やり直す必要がある。

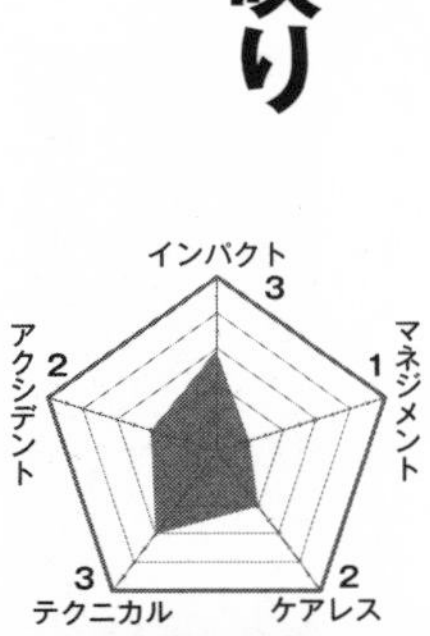

後者の場合、芝の上に落ちたときに斜めになって判別しにくいときもある。でも私は斜めに落ちてもよくみえるほうを採用すればいいと考えていたので、後者で行っていました。

この日も投げ上げたコインが芝に上に落ち、「500」の数字の面が上に出たんだと思います。テレビ放送があったのですが、たまたま数字がカメラからみえる角度に落ちてある程度大きく映り、しかも私がすぐに拾わなかったのでしょう。それをある関係者がテレビでみていて、あとで「なんで100円玉なんて使っているんだ」とお叱りを受けました。「500円玉ですよ」と言ったのですが、誤解は解けませんでした。

以降はどういうコインを使うのか、どういうトスをするのか、気をつけるようになりました。あんな場面がテレビで映るとは思っていなかったので、勉強になりました。［小幡］

教訓

カメラから些細な一挙手拡散す

【覚え書き】
審判の言動は注目されることがある。今では誰もが撮影してネットに流せるのでより注意が必要だ。

大先輩の判断に逆らえず、仕方なく得点を取り消す

ゴールを認めたが、先輩の「猛抗議」を受けオフサイドに

１９８５年の鳥取国体での成年男子の試合でした。地元・鳥取県チームが出場する２回戦で、高円宮殿下がいらっしゃっていました。

副審１サイドで右からクロスが上がり、鳥取の選手がワンタッチで合わせてゴールを決めました。ところが、私が得点を認める笛を吹いたあと先輩だった副審１の方から呼ばれて、「クロスを上げる前、サイドで受けたときにオフサイドがあった」と言われました。私からはオフサイドにはまったくみえなかったのですが、「絶対にオフサイドだから、許さん！」とまで言われたので、仕方なくオフサイドにしました。その後、鳥取は敗れました。

試合後、周囲の審判仲間に聞いても「あれは得点だよね」と口をそろえて言われましたし、「鳥

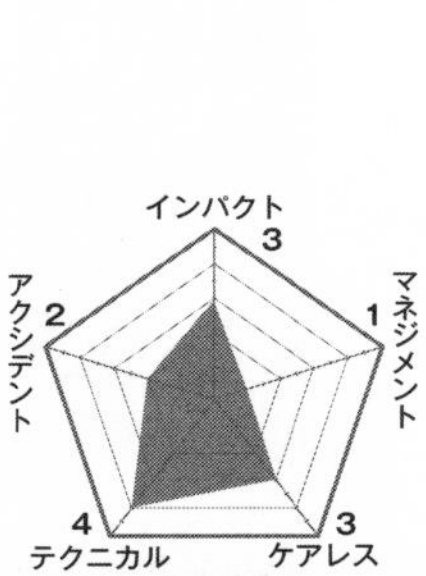

取から出られないぞ」とからかわれたりもしました。副審1の方は交流があったわけではないのですが、大先輩でした。当時は私も若くてそういう関係性は意識していましたし、先輩の判定には従うのが当然という風潮がありました。しかも目の前でみていて100パーセントの自信を持ってオフサイドと言われたので、何も言い返せませんでした。今では審判界でも上下関係を意識しないような指導がされていますが、それでも経験の差によってはこういった場面で進言しにくい一面があるのも事実です。

とはいえ、自分にとって初めての国体でしたし、台覧試合でもありましたら、これでよかったのかと後悔の念が強くなりました。この件をきっかけに、相手が先輩だろうと自分が100パーセントの自信があるときは自分の考えを通すことにしました。［永松］

教訓

先輩の舵《かじ》になびいて後悔す

【覚え書き】
先輩の意見を受け入れて後悔することがある。相手が誰であれ自分の意志を通すことも必要だ。

最終判断を下してしまう副審
主審は副審には向いていない

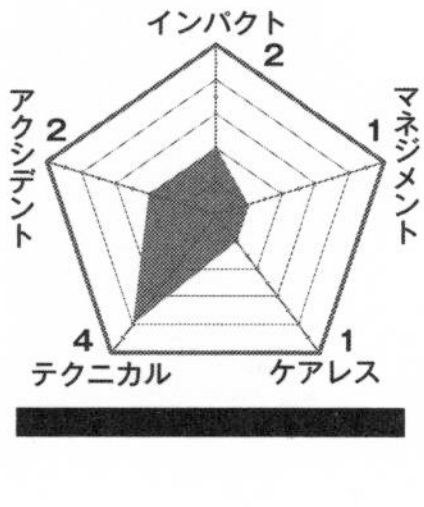

旗を持ちながら「プレーオン！」と言ってしまう

1990年代半ばの全国高校選手権で、2日連続で試合があったときのことです。初日は主審が小幡真一郎さんで、私は副審だったと思います。そのとき、私は副審をしばらく担当していなかったのですが、「ちゃんとできる？　久しぶりに旗を持って大丈夫？」とかなりプレッシャーをかけられました。翌日、今度は私が主審で小幡さんが副審でした。「昨日、人のこと散々プレッシャーかけていたから、逆になりましたよ」と言い返しました。小幡さんも不安げな様子だったのを覚えています。

結論から言うと、二人とも副審としてはダメだなと思いました。副審は判断に迷ったときに旗を上げて主審の判断を仰ぎ、最終的にその判断に合わせますが、小幡さんは最初から旗を上げず「お前が先に決めてくれ」という感じで、かなり大ざっぱでした。「(ディフェンス)ラインをみないで、プレーをみてしまう」と言っていたのを聞いたこともあります。

私はJリーグで副審をやっていた時期もありましたが、やはり性格的に細かくみるのが苦手でした。ワンタッチがあったかどうかは問題にしなくてもいいでしょう、と。どうしても面倒くさいと思ってしまうんです。実際、副審をやっていて主審のように判断を下してしまったことがありました。タッチライン際をドリブルしていた選手がファウルされたとき、副審はまず旗を上げるべきですが、つい「これは(ファウルを)とらないよ、プレーオン!」と言ってしまい、そのあと「そうだ、旗を上げるんだった」となるときもありました(苦笑)。

やはり、人によって主審と副審への向き・不向きがあるようです。[田邊]

教訓

旗を持ち主《あるじ》の振る舞い　ライン際

【覚え書き】
主審をやっている人は、副審をするときも主審のマインドがアクションに表れがちだ。その逆も然り。

ソックスを忘れてしまい、借りるも試合に集中できず

３本線を消し、ピューマを描き込もうと悪戦苦闘

１９９７年か98年の神戸でのＪリーグでした。会場に着いて着替えるときにソックスを忘れたことに気がつきました。いつもは前日の夜に審判用具をきちんと整理してからバッグに詰め、当日朝にもう一度確認していたのですが、このときはできていなかったんですね。ほかの審判員が予備を持ってきているのではないかと思って聞いたのですが、誰も持ってきていない。焦って探し回り、ヴィッセル神戸から黒のソックスを借りることができました。

ところが、ここで問題が生じました。当時審判のウェアはすべてプーマでしたが、神戸のユニフォームはアディダスで、ソックスには白の３本線が入っていたのです。ほかの審判員から「さすがに３本線はまずくない？」と指摘され、黒マジックを借りて塗りつぶすことにしました。思

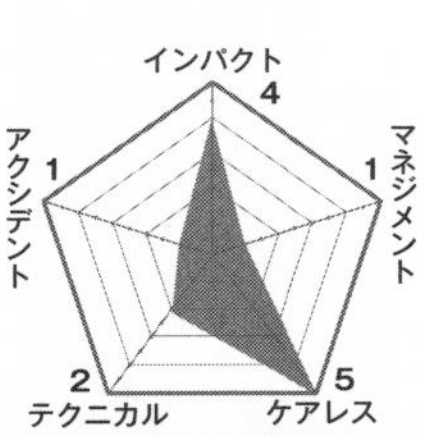

った以上にうまく消えなくて、試合前の打ち合わせのときも必死に塗りつぶしていたのを覚えています。

さらに「プーマの（ロゴにある）ピューマも描いたほうがいいんじゃない？」と指摘され、白いマジックも借りようとしましたが、さすがに会場にはなく結局、3本線を塗りつぶしたソックスで試合に臨みました。試合中は「バレないかな、テレビに映らないかな」と足が気になって仕方ありませんでした。幸いミスなくできましたが、落ち着かなかったですね。

地元の審判仲間に連絡して持ってきてもらうなどの対応があったとあとから気づきましたが、あのときは焦っていてまったく思いつきませんでした。試合中を含めて冷静さを失ってしまうという点で、忘れ物には気をつけなければいけないとあらためて思いました。［南］

教訓　平静を失う焦り　忘れ物

【覚え書き】
忘れ物は「物」がないことはもちろん、精神面への影響も小さくない。持ち物の管理はしっかりと行う。

シューズケースを開けたら、まさかの「リーガル」だった

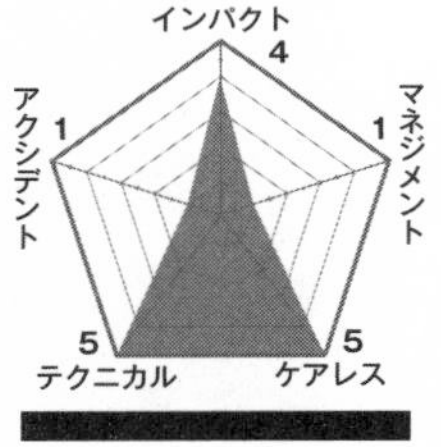

審判仲間から借りるもサイズが合わず苦境に

たしか、1995年の全国社会人選手権だったと思います。広島県での開催でホテルと会場がかなり離れており、審判仲間とバスを利用して往復していました。

当時、私はシューズを持ち運ぶ際に片足ずつ入れるケースを使っていました。サッカー用のものが販売されていて、通常の両足分を入れるものよりもバッグの中でかさばらないので重宝していました。

そんな中、会場に着いてシューズケースを開けたところ片方にはスパイクがちゃんと入っていたのですが、もう一つを開けて愕然としました。なんと〝リーガルの革靴〟が入っていたのです。

自宅から広島に移動するときに履いていたもので、ホテルで準備した際に慌てていたのか取り違えたのでしょう。「終わったな」と思いました。

ホテルまではバスで1時間ほどかかるので取りに戻ったら間に合いませんし、さすがに革靴で審判をやるわけにもいきません（一瞬、できるかなと思いましたが）。そこで、会場にいた審判仲間から貸してもらうことにしたのですが、私の靴のサイズは27・5か28センチで、合う人がなかなかいない。最終的に北海道の方から借りることができたもののサイズが小さく、途中から足が痛くなってきて、正直、試合のことはあまり覚えていないんです。早く終わらせたい、と思っていたことは事実です（苦笑）。

最終的には何とかなりましたが、苦い思い出です。小学生のころの「ハンカチ、鼻紙、給食袋」ではありませんが、やはり持ち物の確認が大切ですね。［片山］

教訓

靴違い　いと深し
はくのはため息

【覚え書き】
物を取り違えて持ってくるとまた違ったショックがある。準備の際には確認を怠らないようにする。

レフェリーとして当たり前の行動が家族から不評

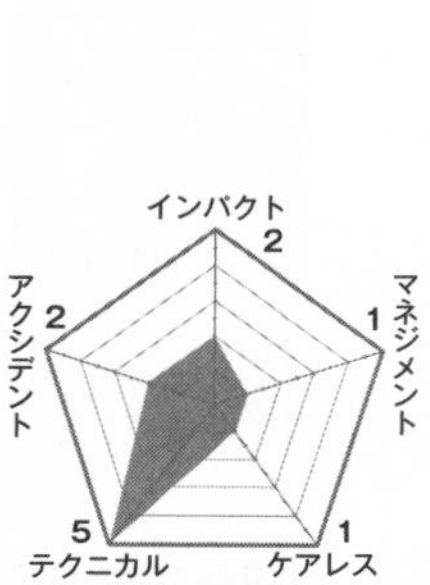

「そんなに焦らなくて大丈夫」とよく言われる

試合でのエピソードではなく、日常でのエピソードから感じていることですが、審判の方であれば理解していただけるかもしれません。

例えば、家族で外食することになり19時に予約を入れた場合、私は少なくとも10分前には店に行っておきたいと思っていて、「そろそろ行こうか」と家族を促すんですが、「まだ早い、そんなに焦らなくて大丈夫」とよく言われます。旅行で飛行機に乗るときも、私は搭乗ゲートにだいぶ余裕を持って着いておきたいと思っているんですが、「15分前に着けば十分だから。そんなに焦ってどうするの」とたしなめられます。

もちろん、私と妻の性格の違いもあるのでしょうが、これはレフェリーの活動を重ねる中で影響を受けた部分かもしれないと思うのです。

Ｊリーグの担当があれば、最低でも１２０分前には控え室に入り、その後90分前にフィールドチェック、70分前にマッチコミッショナーミーティング、そのあとに審判同士で打ち合わせ、テーピングをしっかり巻いてからウォーミングアップというように、時間に合わせてやるべきことがきっちりと決まっています。また、国内の審判研修などでは５分前に会場に入るようにと言われていますし、ＦＩＦＡでのレフェリー研修などでは15分前行動が基本だと聞いたことがあります。

審判は時間に余裕を持って行動することが当たり前になっていますが、あまりきっちりしすぎると、一般の人からは少し敬遠されてしまうところがあるのかもしれませんね。［南］

教訓

レフェリーの常識ときに非常識

【覚え書き】
レフェリーとして当然の思考や行動は一般の人から見るとズレていることもあることを知っておく。

つらいこともあるけれど、どこかで誰かがみてくれている

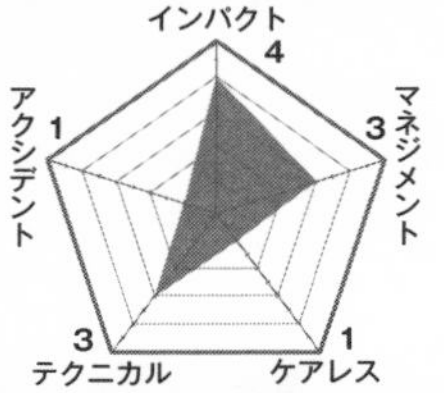

過剰な力での報復行為に迷いなくレッドカード

前半、たぶん後方からのスライディングタックルだったと思いますが、ヴォルティス徳島の選手が当時コンサドーレ札幌でプレーしていたアルシンド選手に対してファウルを犯しました。

私が笛を吹いた直後、アルシンド選手が倒れた状態でファウルした徳島の選手を蹴りました。この試合、いろいろな意味でアルシンド選手を注視していたので、相手選手を蹴った行為は近い位置で確実にみることができました。報復行為であり、しかも過剰な力で蹴っていたので、私は迷いなくレッドカードを示しました。アルシンド選手はレッドカードに対して異議を示すことはなく、自分のやった行為を認めているようでした。札幌の選手やベンチからも異議めいた言動はなかったと記憶しています。

レッドカードを出したことについては自信があったので、その後のレフェリ

▶ MATCH & SCENE

1996年6月9日
旧JFL 第9節（@徳島）

大塚FCヴォルティス徳島1－2札幌

主審：谷内浩仁

前半、ファウルを受けた札幌・アルシンドが報復行為をはたらき退場。一人少なくなった札幌だったが、その後逆転を果たして勝利。試合の2日後、本人の申し出によりアルシンドの退団が決定し、クラブが発表。同選手はブラジルに帰国した。

ングに影響することはありませんでした。反対に、気をつけなければならない選手(アルシンド選手)が不在になったこともあって、スムーズに自分のレフェリングができたと思っています。

札幌サポーターのブログに救われる思い

今回の書籍作成にあたり、当時のことをあらためて調べていたところ、この試合を観戦していた札幌サポーターのブログにたどり着きました。試合のレポートを詳しく書いていて、報復行為をはたらいたアルシンド選手に対して非難の記述をしており、一方で「この試合のレフェリーがすごくよかった」と触れてくれていました。私のレフェリングについても細かく分析してくれていて、肯定的なコメントが並んでいました。

▶審判の流儀

アルシンド選手に対する準備

本文で「いろいろな意味で注目していた」と述べましたが、アルシンド選手が札幌に行き、直近の試合でも自分のプレーと周囲の選手のプレーが合わずに退場になるなど、ストレスをためているという情報が報道などから入っていました。そこで、アルシンド選手のファウルはもちろん、アルシンド選手に対するファウルについても注視していました。この試合でも序盤から周囲とかみ合わず、アルシンド選手が味方に対してイライラ感を募らせており、そんな中での退場となりました。事前の情報収集と準備がうまくいったケースだと思っています。(谷内)

「この審判と再会できたら、スシでもウナギでも好きなものをオゴってやりたいです」とも書いてありました。

正直、救われたと思いました。この試合のジャッジについては自分も自信がありましたが、それでも何かとけなされ、批判され、こき下ろされるのが私たち審判の宿命でもあります。ましてや応援するチームの選手を退場させた審判に対する目は厳しくなってもおかしくないのですが、こうして正しく評価してくれている人もいるんだと知り、今更ながら励みになりました。これまで自分のレフェリングで褒められた記憶はあまりなかったので、玉手箱を開けたような感覚になりました。

ちなみに、ウナギは大好物です。ぜひごちそうになりたいですね(笑)。[谷内]

教訓

正しき目 心折れても 常にあり

【覚え書き】
審判は苦悩や葛藤、プレッシャーや挫折がつきまとうが、正しく評価してくれている人もいるものだ。

コラム①
育成年代のゲームを担当する審判へ

どの年代の試合を担当しても、選手と一緒にゲームを作っていくことは同じです。ちょっとした言葉かけ、ジェスチャー、表情などを使って選手とコミュニケーションをとりたいです。

例えば、「ナイスプレー」「ナイスシュート」「よくみていましたね」などや「危ないよ」「気をつけて」「落ち着いて」など、決して上から目線にならないような気づかいがあるとよいでしょう。「そこからスローインしましょう」「ありがとうございます」など、「〜しましょう」「ありがとう」といったフレーズは意識して使いたいものです。

その中で、育成年代のゲームを担当する審判で特に意識したいのは、選手たちのサッカー理解についてです。例えば、年齢的に競技規則を十分に理解していないこともあるので、ときには笛を吹いたあと簡単に解説することもよいでしょう。なぜ反則なのか、注意をしているのか、カードを示しているのかなどを、シンプルなジェスチャーを交えて伝え、次に同じ反則をしないように伝えたいものです。

どうすれば審判からのメッセージを伝えることができるのか、楽しくサッカーができるかを考えたいものです。

一つは、笛に頼りすぎないことです。笛の強弱・長短だけではなく、吹くタイミングや選手との距離も考えたいものです。威圧的な笛は決して使いたくないです。一方で、安全を無視した危険な行為、リスペクトに欠けた行為などには、たとえどの世代のゲームであっても毅然とした態度で周囲にも分かるようにメッセージを伝えたいものです。

第2章

レクチャー

主審　副審　4審・その他

①感じること、予測すること

ゲーム前に準備しておきたい情報

主審としてゲームに臨むにあたり、事前に以下のような情報を把握しておくほうがよいと考えています。特に初めてそのチームを担当する場合は、部分的でもよいので準備しておきたいものです。

●ゲームの位置づけ

リーグ戦なら負ければ降格・勝てば優勝争いに加わることができる、トーナメント（ノックアウト方式）なら負ければ地区大会の出場を逃す・勝てば次の大会のシード権を得ることができる、などは理解しておく必要があります。また、ライバル対決、宿命の対決などという注目されるゲームであることも知っておきたいです。

●過去の対戦成績

リーグ戦であれば、両チームが対戦した最近の勝敗や試合内容などからチーム・選手のモチベーションを探ることができます。苦手意識を持っているのか、何とか挽回しようとしているのかなども、選手のモチベーションやパフォーマンスにつながると思います。

●前節までの戦い方

チームのコンセプトやプレースタイル（選手のどんな能力や特徴を生かそうとしているのか）などを知っておくことも、レフェリングの助けになります。

両チームのシステムも知っておくとよいでしょう。例えば3バックか4バックかで攻撃の形も変わります。システムによってボールを奪い合う争点となるエリアやプレーの種類も変わるので、ゲームの中であらかじめ注視するところを意識しておきたいものです。

また、コーナーキックやフリーキックなどのリスタートプレーの特徴も知っておくと、争点を予測することができます。誰がキッカーでどんなボールを蹴って誰がターゲットになるのか、またトリッキーな方法をするケースはあるのかなども準備しておくと、慌てずに対応できるように思います。

●チーム事情

負傷している選手、退場の懲戒および累積警告によって出場できない選手などがいないか、どのようなメンバーで戦おうとしているのか、ゲームのカギとなる選手は誰なのかなどを考えることもレフェリングに大きく関わってくると思います。

試合では刻一刻と変化する状況についていく

前項で紹介した情報は重要である一方で、ゲームに入ったらその情報だけを頼りにしてはいけません。ゲームの流れはどんどん変わります。１本のシュート、一つのアドバンテージ、１回の反則などで選手のメンタルが変わり、ゲームは動いていきます。形に表れるものだけではなく、選手の気持ちや心情などを感じることができなければ主審だけが浮いてしまいます。選手とうまくいかずに溝ができたり、選手やゲームのコントロールのミスにつながったりしてしまうものです。

例えば、チームの調子が芳しくなく、思うようにパスがもらえないような選手はちょっとした相手の接触プレーにいら立ち、次に主審に不満の矛先を向けてきます。そういうことを感じたら、自分からコミュニケーションをとって選手の言い分を聞いたり、負傷をしていないか尋ねるなど、少し時間をかけて選手の心をほぐし、孤立感を少なくするように努めたいものです。ときにはチームメートにお願いすることも求められます。

ゲームの流れや選手のメンタルは一瞬に変わるものなので、選手の言葉やそれ以外の目の動きや表情などもキャッチできるようにアンテナを立て、感度を鋭くしておきたいものです。プレー中は当然のことですが、判定のあと、あるいはボールのアウト・オブ・プレー中に選手の反応を見たり声を聞いたりして、動きは止まっていても頭を休ませないようにします。

笛を吹いたあとの選手たちの「え〜」「なんで」「みてよ」などのリアクションは重要な情報です（一方で情報を選別する（＝不要なものは捨てる）ことも大切です）。そして必要な情報があれば、他の審判員に目やジェスチャーで共有したり、選手に自らコミュニケーションをとったりすることで、ゲームのコントロールにつなげていきたいです。

変化するチームの戦い方にも意識を払う

同様に、ゲーム中は時間帯、スコア、選手交代などによってチームの戦術も刻々と変わります。攻守両面、選手交代の観点から考えてみましょう。

●攻撃面

どんな展開を狙っているのか、例えば誰のパスによって攻撃のスイッチが入るのか、最終的にペナルティーエリアに入ってどんな形で誰が得点を得ようとして動いているのかなどをゲームの早い段階で感じておきたいものです。特に「ホットライン」と呼ばれるようなパスの出し手と受け手の特徴をみつけておくことは重要です。

●守備面

相手ボールをどこで奪おうとしているのか、例えば誰がプレスのスイッチを入れて、どのエリアに相手の攻撃を追い込もうとしているのかなども、ゲームが進むにつれて感じておけるとよいでしょう。

●選手交代

どんな選手がどのような時間帯、スコアで入ってくるかを把握することは主審のプレー予測につながります。特に攻撃のスーパーサブの登場は流れを一変させるので気をつける必要があります。守備の強化なのか、攻撃に変化をつけたいのかなどチームの目的を察するとともに、入ってきた選手のモチベーションの高さには気を配りましょう。質の違うプレーや行為が突発的に起こってゲームの温度を急上昇させ、コントロールを難しくすることがあります。

これらをゲーム中に少しでも読み取り、どこでどんなプレーが起こるのかをある程度予測しながら動き、目を向けます。お互いに相手の長所は消したいものです。相手の長所にプレッシャーをかけることで、ポジション争いや接触プレー、言い争いなどが起こりやすくなります。こうした流れを早い段階で感じられないと、主審としては対応が後手に回ってしまいます。この場面で選手はどう感じ、考えるのかを冷静に観察したいものです。

予測は必要だが、先入観にならないように

一方で、「この選手はこんなプレーや行為はしないだろう」という先入観や思い込みが強すぎると、その事象にまったく気づかなかったり、間違った判断をしたりすることが起こります。このような例は少なくありません。

●試合中のペナルティーキック時、特定されたキッカーがボールを前方にキック（パス）し、違反していない他の味方選手がそのボールをシュートする

●コーナーキック時、キッカーと他の味方選手が近くにいて、キッカーが小さくボールをキックし、他の味方選手がドリブルからシュートする

●ゴールを狙えるフリーキックで、スペシャリストの選手がゆっくりボールをセットするのだろうと思っていたら、クイックスタートで再開する

●ロングフィードの得意なセンターバックが急にドリブルで持ち上がる

これらは、ほかに反則をしていなければ認められています。こうしたさまざまな可能性の下に選手のプレーや行動などの選択肢を考え、それを一つずつ消していくことが大切です。

一方で、「この選手がこのスピードでタックルに行ったら、必ずファウル（警告）になる」などと思い込んでしまうことも危険です。最後には足の力を緩め、正しくボールにプレーしているのを見損なったり、反対に過剰な力が加わったとしてレッドカードの対象になったりすることもあります。

特に最近はプレースピードが高まり、多様な思いがけないプレーが起こります。主審にとってはいろいろな情報から次のプレーを予測することは非常に大切ですが、「こんなプレーをするに違いない」「必ずそうなる」と決めつけるとミスにつながりやすくなります。状況を全体的に捉えて、起こった事実を競技規則と冷静に照らし合わせて判断し、柔軟に対応することが求められていると思います。

② みること

全体をみることの重要性

主審はさまざまな情報をキャッチするために、いろいろなことを「みる」ことが求められます。目にみえる現象や事実だけではなく、ゲームの流れや選手の心の動きなどにも目を配りたいものです。

そのためにはまず、大局的に、俯瞰的に全体をみる・つかむことが大切です。もう一人の冷静な自分がみているような状況を作れれば最高です。「自分が主審だからリーダーシップを発揮しなければいけない」という気持ちも大切ですが、22人の選手、ベンチのスタッフや交代要員、そして主審以外の3人の審判員と一緒にゲームを作っていることを忘れてはなりません。選手に最高のプレーを発揮してもらうためには、主審は冷静に観察したいものです。

動きとポジショニング、距離感の重要性

審判は起こった事象を、選手と同じグラウンドレベルでみています。ストップモーション、スロー、コマ送り、別アングルなどの映像は使えず、みた情報だけで判断・判定しなくてはなりません。ですから、どのような動きで、どのポジショニングで、いつ、何をみるのかが非常に重要です。基本となる「対角線式審判法」に基づきながら、「〇〇をみるために、そこに動く（そのポジションにいる）」という意識が大切だと考えます。あくまでも、ゲームで起こることに対応することが求められています。

正しく判断・判定するには、ポジションと動きが重要な要素となります。正しくできないときは、遠くてみえなかった、近くにいたけれど選手が重なってみえなかった、トップスピードで走っていたので視野が狭くなった、角度が悪くて接触の程度が分からなかった、予想外のプレーが起きたなどの原因が考えられます。みていないことに対しては判断できません。「当てずっぽう」や「たぶん～だろう」では許されません。反対に、みえなかったものは正直に「みえなかった

ので判断できませんでした。次、しっかりみるようにします」と言いたいものです。

さらに、自分と争点までの距離感も非常に大切です。判定の精度や選手との信頼感にも関わってくるからです。全体をみることと同時に、できるだけ事象の近くで、選手が顔を上げたら目が合うくらいの距離にいることが求められます。特にゴールに近づくにつれて得点に関わる事象が増えるので、「そこでみられたら仕方がない」という選手への説得力のあるポジションをとりたいものです。ボールから離されないスタートの瞬発力、加速力、争点に近づいてからのブレーキを含めたステップワーク、事象を見る姿勢などフィジカル面における平素のトレーニングの積み重ねも欠かせません。

具体的にみる重要性

では、正しい動きとポジショニングの中で具体的に何をみればよいのでしょうか。代表的なものをいくつか挙げます。

●ボールおよびボールに関わる選手

サッカーは基本的にはボールを奪い合うスポーツなので、ボールをみる必要があります。空中にあるのか、グラウンド上にあるのか、どんな軌跡を描いているのか、どんな回転がかかっているのかはもちろんですが、同時に、どこで、誰が、どんなふうにボールに関わっているのかも重要な視点です。相手ゴールに向かってドリブルしようとしているのか、相手から遠い足でボールをキープしているのか、すぐに蹴ろうとしているのか、相手が奪いに来るのを誘っているのかなどをみておきましょう。

●ボール周辺の選手の動き

ボールを間接視野に置いて、誰が、どのようなスピードで・距離から・方向から、体のどの部分を使ってボールにチャレンジしようとしているのかをみなければなりません。例えば、相手の後方から体を密着させてボールにチャレンジすると、手や体での接触が多くなり、反対に二人の距離があれば足の接触が多くなりがちです。遠い距離からスピードをつけてタックルして、ボールに触れられなかったら、ボールに触れたとしても相手の体に強く接触することが考えられますのでファウル、あるいは警告、退場の可能性が高まります。選手のボールへのアプローチがみえるポジションをとりたいです。

●ボールから離れたところにいる選手、スペース

ボールから目を離して、ボールをもらおうと動いている選手、それを阻もうとする選手、またボールが出されるスペースなどもみておきたいです。ゴールを守る選手（主にＧＫ）はどこにいるのか、誰がゴールに戻ろうとしているのか、ゴールに向かっているのかも同様です。特にペナルティーエリア付近では「ＤＯＧＳＯ《ドグソ》」、「ＳＰＡ《スパ》」などの判断を強いられるので、選手の数、位置、動きの方向などを一瞬で把握できるのが理想です。

主審にとって難しい判断を求められるだけに、「状況」を先にみておく必要があります。笛を吹いてからみたのでは、選手の位置や数などが変わってしまうことがよくあるからです。

●ヘディングの競り合い

複数の選手が同時にボールに関わるだけに注意が必要な局面です。どの選手が、どの方向に、

どのタイミングで跳び上がっているのか、ボールに向かっているのか、相手に向かっているのか、腕や手の動きは相手に配慮されているのか、危険な動きはしていないかなどをみる必要があります。

●負傷の状況

サッカーでは選手の負傷がよく起こります。体のどの部分が相手のどの部分にどの程度の強さで当たった結果、どのようになるのかなどをみておきたいものです。すぐにトレーナーやドクターをピッチに入れるべきかどうかの判断にもつながります。

●時間

時間の流れをみることはもちろん、例えば前半15分までに判定基準を確立できたか、後半残り何分だからどんなことが起こりやすいかなどの基準としてみておくことも大切です。

このように、主審はじっとみたり、あえて漠然とみたりしながら、プレー予測における選択の幅を狭めることによってみるところを絞り、判断につなげていくのです。

③ 判断すること

競技規則の精神にある3項目を基準にする

主審は試合でさまざまな事象をみながら、ファウルかノーファウルか、あるいはファウルされたけれど利益が得られるのでアドバンテージを適用するかなどを「判断」しています。判断する基準は、サッカーの競技規則の精神である「安全」「公平・公正さ」「楽しさ」という３つだと考えます。

① 選手の「安全」を保障し、「安全」な環境を作り上げる

選手は相手選手に対してリスペクトの念を持ってプレーする必要があります。

例えば、どちらの選手もボールにチャレンジできる場面で、相手がプレーすることを無視して強い力でタックルすれば相手はケガをしてしまいます。たとえボールに一瞬先に触れたとし

ても、そのような攻撃的な危険なプレーに対して主審は強く対応するべきです。相手選手が危険にさらされていることを無視したり、結果的に危険となったりするプレーには警告を示します。さらに、必要以上の力を用いている場合には退場を命じます。

同様に、空中にあるボールを競り合うヘディングの場面で、手や腕の反動を使ってジャンプしようとするときやボールのコースを変えようとするとき、相手選手の頭が近くにあるならば、手や腕が当たらないように配慮しなければなりません。手や腕が相手の顔面に強く接触すれば警告、硬い部分であるヒジが振られて顔面を打つと選手生命にも及ぶので退場となることもあります。

このように、相手選手への安全が配慮されているかを主審は判断する必要があります。

②公平・公正さ(イコールコンディション)を貫く

得点の決定的な機会をファウルで奪うことは、たとえ悪質ではなく不用意なファウルであっても、サッカーの究極の目的である得点を阻害する行為として厳格に懲戒罰を与えます。さもなければ、サッカーの面白さが奪われ、ファンが離れていくことにつながりかねません。

また、ずるいプレーや主審を欺く行為を認めません。例えば、ボールを追いかけるときに主審にみえないように相手選手の脚をつかんだり押したりしてスタートを遅らせる行為、ヘディングの競り合う前に相手の背中を手で突いてタイミングをずらしたりする行為などは、正当にプレーしない不公平さがあるので見逃さないようにしたいものです。

主審を欺くシミュレーション、策略的なハンドのファウル、遅延行為なども許されるものではなく、ゲームの状況や選手の意図を理解し、早めに積極的な予防的対応をとります。これらの「公平・公正さ」はサッカーの「美しさ」につながるものであり、主審だけではなく、選手、観客、多くの関係者の協力が求められます。

主審は、人気のチーム、有名選手、若い選手などに関わらず常に「平等」に対応しなければなりません。ユース年代の選手にも丁寧な言葉遣いで話しかけ、予断や偏見をせずに、同じ基準でファウルや懲戒罰を示します。

③「楽しさ」を引き出す

選手の個性あふれる卓越した技術や、統率された戦術的なチームプレーなどがみられるように環境を整えることが求められます。

例えばファウルがあっても、ゲームがコントロールされている状況で、ファウルされた選手が重傷を負っておらず、チームに利益があると判断したときはアドバンテージを適用します。その結果、得点につながれば主審の裁量権がうまく生かされたことになります。したがって、得点につながるかどうか、ファウルされた側が有利になるかを判断してからアドバンテージの「プレーオン」「続けましょう」という声や手によるシグナルを示します。極端に言えば、ファウルが起こってから数秒様子をみて、後付けで示すこともあります。

一方、キックに卓越した技能を持った選手がいるチームもあるでしょう。ファンもそのキックを心待ちにしているかもしれません。アドバンテージの適用よりもフリーキックのほうがチームにとって有利であれば、ファウルの笛を吹きフリーキックで再開します。その際、主審が相手守備側の選手を既定の距離（9.15メートル）へと的確に離して環境を整えます。

「サッカー理解」とともに判断する

サッカーは身体接触が許されているスポーツであり、些細な接触や突発的な接触は頻繁に起こります。

例えば、ボールを追いかけていた前方の選手が急に止まれば、後ろから同じように追いかけていた選手が止まれずにぶつかったり、自分を守るために手で支えたりすることが起こります。それらは自然な動きであり、ファウルとしないことがあります。サッカーとして自然に起こり得るもので、ノーマルフットボールコンタクトと言われ、ファウルと区別されています。

これらは「サッカー理解」あるいは「フットボールアンダースタンディング」と呼ばれ、主審が起こった事象を判断する上で重要な部分です。その接触がなぜ起こったのか、どういう状況で起こったのかを考えて判断しなければならず、自分でプレーすることや多くのプレーをみて考えることが重要だと思います。

判断の基準は1本の鉛筆のようなものではなく、少し幅のある野球のバットのようなものと考えています。競技規則の精神という1本の芯はありますが、場所によっては太い部分や細い部分があります。その幅は、ゲームの環境(自然環境、グラウンドコンディションなど)、試合状況(ゲームの流れ・温度、選手のテンション、時間帯、得点差など)、雰囲気(スタジアム、観客など)によって変わってくるものだと考えます。そして、その基準は主審の勝手な決めつけや思い込みによってではなく、ゲームに応じて柔軟に対応され、選手がプレーに集中できるものであることが強く望まれます。

このように、主審にとって「判断すること」は非常に重要な要素です。ゲームの勝敗だけではなく、サッカーの魅力や発展に及ぶものだと考えています。サッカーという競技の特性や競技規則の精神などを理解し、判断基準のすり合わせ、整理、ブラッシュアップなどを日頃から心がけておきたいものです。とはいえ最終判断は主審に委ねられているので、試合になればあれこれ迷わず自信を持って決断したいものです。

④ アクションすること、表現すること

主審は「判断」のあと、判断の内容をアウトプットするための「アクション」や「表現」を行います。選手や観客はそのアクションを待ち、注目し、ときに一喜一憂します。主審がアクションを「いつ」「どのようにするか」「そのあとどうするか」についてみていきます。

「いつ」…笛を吹くタイミングを意識する

判断したことを笛で表現するには、状況によって「すぐに」「ほんの少し待って」「きちんと確認してから」という違いがあり、時間的なズレ、微妙なタイミングが求められます。適切なタイミングを伝えることは難しく、主審の感性に任されると思います。その笛を聞いたり、シグナルをみたりする選手の反応をキャッチすることが大切で、「あれ、遅すぎたかな」「少し待ってもよかったかな」ということを感じ取りましょう。

例えば、相手のシャツを手で引っ張ってホールディングの反則が起こった場面において、引っ張られた選手がプレーできず止まりそうならばすぐに笛を吹き、影響を受けたが振り切ろうとしてプレーできなそうならば「ほんの少しみて」から吹き、明らかにアドバンテージを適用するならば「周囲の状況を確認して」から笛を吹かずに「プレーオン」をします。

同時に、ペナルティーエリア付近のホールディングはペナルティーエリア内までホールディングが続けばペナルティーキックになることを考えます。また、ホールディングはファウルされた選手が相手選手をヒジで突くなど報復的な行為が起こりやすいので、二次的なトラブルに発展しないように、選手の感情やそのときの状況を把握して対応することが必要です。

「どのように」…笛の吹き方、ジェスチャーを使い分ける

笛は主審のみが使えるもので、主審からのメッセージを表現する上で最も分かりやすい手段ですが、使うときにはさまざまな注意が必要です。いつも笛で指示したり、コントロールしたりすれば選手の感情が高ぶり、ゲームが落ち着かなくなります。必要なときだけに効果的に笛を使

うべきですし、できるだけ笛の回数を少なくしたいので、声やジェスチャー、できれば表情の変化でメッセージが伝わればよいのではないかと考えます。

例えば、スローインの再開位置を示すとき、常に「ピッ、ピッ」と笛を吹いて選手をリードするのではなく、「私をみてください。あと2メートル後方からお願いします。ありがとうございます。いきましょう」などと選手に言葉かけすることもあります。

笛を吹くときは音の強弱・長短を使い分けています。危険なプレーは周囲に注意を促すように「ビーッ！」と強く吹きますが、不用意なファウルだけならば「ピッ」と短く軽く吹き、主審の遠くで起こったならば「ビビーッ！」と強く長く吹き、次の選手同士のトラブルが起こりそうならば走りながら「ビビビッ」と2〜3回続けて強く吹くこともあります。主審に注目してほしいときは「ビーッ!!」と長く吹き、主審のメッセージを笛で表現します。

笛だけではなく、シグナルやジェスチャーも主審のメッセージを伝える手段です。例えば、「どっちのファウル？」という場面では、選手が主審をみるタイミングで、自信を持った姿勢で腕から指先をまっすぐ伸ばして、ファウルした選手とアイコンタクトしながらシグナルします。主審の判断が最終ですので、説得力が求められます。ゲーム開始直後のファウルやスローインなどのアウト・オブ・プレーのシグナルや姿勢・表情などによって主審の技量をはかったり、信頼できるかを判断したりする選手もいるようです。

「そのあとどうするか」…選手への対応、再開の準備

笛を吹いて終わりではありません。ファウルの笛であれば、ファウルした選手、された選手へのアフターケアが大切で、選手の感情が引きずらないように対応します。負傷した選手には「続けられますか、トレーナーを呼びましょうか、少し待ちましょうか？」などと声をかけます。「大丈夫ですか？」と尋ねると「ファウルをちゃんと取らないからケガしたんだよ！」と言われることもあり、言葉かけは難しいです。そして、どの選手がファウルしたかを把握し、「気をつけて」などと声をかけます。注意するときには顔だけではなく自分の胸を相手に向け、相手の目をみながら伝えるようにし、自分から先に目を外さないことを心がけます。

さらに、ファウルのあとはフリーキックで再開するので、選手へのフォローに加えて次の対応を考えます。ファウルされたチームが早く再開したいのか、セットしてから始めたいのか、あるいはゆっくりと時間を浪費しようとしているのか。チームや選手の意図を、コミュニケーションをとったり読み取ったりして、主審としてアクションを起こします。

フリーキックをクイックスタートしたがっているのに笛を吹いて再開を止めたり、パスコースに入ってプレーを邪魔したりしないように気をつけます。また、クイックスタートを邪魔する相手チームの選手の動きを予測して、先にジェスチャーや声で予防するためのアクションをとることも必要です。

判断のみせ方「プレゼンス」も磨きたい

選手同士のトラブルやペナルティーキック決定などの場面では、走って急行するだけではなく、ときには大股でゆっくり歩くこともあります。自分の判断をいかに自信のあるものとしてみせるか、表情や身ぶり・手ぶりなどある種の演技も求められます。これらは「プレゼンス」と呼ばれ、主審に必要な要素の一つでもあります。

例えばペナルティーキックか否かを判断する場面で、接触はみられるがノーファウルとするならば、手を横に大きく広げて「ノー」と言うときもありますが、何回も小刻みに手を振るようなオーバージェスチャーは必要なく、タイミングよく片手で打ち消すシンプルなもので十分だと思います。そのプレーのあとに選手が詰め寄ってきても、動じずに止まって胸を張って簡単にその理由を伝えます。長い説明はかえって混乱を招くことになるので気をつけます。

また得点や警告、退場などの重要な場面では、再開する前に副審や第４の審判員にジェスチャーやアイコンタクトで確認する習慣を持てば、失敗やミスを防ぐことができます。特に警告を誰に示したかが分かりにくい場面では、手でその選手番号を描いたり、声で伝えたりすることなど、ちょっとしたアクションで救われることがあります。

⑤振り返ること

振り返りのポイントは5つ

タイムアップの笛を吹いたあとは選手と同じように、次のゲームに向けたスタートを切りたいものです。とはいえ、いろいろな側面から振り返ることは自分の成長にとって非常に重要です。ここでは、試合後の振り返りにおけるポイントをいくつか紹介します。

① 審判チームで振り返る

ハーフタイムで情報交換したことや確認したことが後半に生かされたかどうかを話し合います。前半と同じ場面は起こらなかったが、似たことが起こったときにうまく対応できたか・できなかったか、その原因を含めて解決策を話し合ったり、「自分はこのようにみえたので、こう考える」ということを意見交換したりします。そうしたことで自分の判断における選択肢の幅を広げることができ、成長につながります。

そのためにはみて、考えたままを素直に言える環境(人間関係)、本音で話せる雰囲気をつくることが必要です。特にペナルティーキックや決定的な得点の機会阻止など得点に関わる場面、退場や警告に関わる場面、ゲームの流れが変わったターニングポイントとなった場面、難しいオフサイドの場面、チームワークに関わる場面などが対象となると思います。

②公式記録で振り返る

これは主審の重要な任務です。得点・スコア、警告・退場(時間、選手氏名・番号、理由)、交代(時間、選手氏名・番号)などは、全員で間違いがないことを確認して記録用紙にサインします。特に懲戒罰に関わる警告・退場の選手名や理由は規律委員会に関わることなので審判全員で確認しましょう。また、シュート、フリーキック(ファウル、オフサイド)、コーナーキックの回数や得点の経緯などの公式記録からゲームを振り返ります。例えば、どちらかのチームにファウルが多くなったのはなぜか、何分に交代で入ってきた選手によってゲームのテンションやリズムがどのように変わったかなど、客観的に振り返る材料にしています。

③ 第三者の意見や見方を受け入れて振り返る

ゲームを担当している審判指導者（アセッサー、インストラクターなど）やみていた審判仲間、あるいは技術指導者（監督、コーチなど）、運営担当者（マッチコミッショナー、大会関係者など）からコメントをもらうことができます。ほとんどは審判指導者からのものになると思いますが、まずは投げかけを受け入れ、次に今の自分にできること、すぐにやらなければならないことで優先順位をつけて整理しましょう。アドバイスされたすべてを次のゲームで試すことはできませんので、いったん横に置いておくことも大切です。重要なのは、できなかったことの理由や原因を自分なりに考えることです。

例えば、ペナルティーエリア内でファウルとすべきプレーに笛を吹かなかった場面について、自分はどこで、何をみて、どんな判断をしたのか、自分の感情のコントロールはどうだったのか、他の見方ができないか、指摘された事柄についてどう考えるか、などを自分で整理します。改善点ばかりに目を向けると消極的になりがちなので、長所、ストロングポイント、できたことにも目を向けます。できたことの理由や原因を考えることも改善の大きなヒントになります。そのゲームの監督やコーチと普段からコミュニケーションがとれていればよいのですが、ゲーム直後は避け、時間をあけて落ち着いてから話を聞くのがよいでしょう。

④場面を思い起こして振り返る

主審としての経験が積み重なってきたら、疑問に思えた場面や他の人に指摘された場面について映像をみているように思い出せるのが理想です。

例えば、「Aチームの5番の選手がBチームの11番の選手にチャレンジした場面はどのようにみたのですか？」と尋ねられた場合、このように答えられるとよいでしょう。

「ゲームの立ち上がりの10分くらい、センターサークル内のプレーですね。5番の左足が11番の右足に触る前にボールに触れたようにみえたので、ファウルとしなかったのです。ただ、ポジションが悪かったため、そのチャレンジは最後のところしかみえていませんでした。今後、プレーの予測、自分のポジショニング、みるところ、目の動かし方などを考えてみます」

なるべく客観的に振り返ることで、解決方法まで気づくケースがあります。最初のうちは、いつの、どこの、どのようなプレーかを思い出せないことが多いですが、徐々に冷静に振り返ることができるようになります。そして、キックオフからタイムアップまでの場面をざっと回想できるようにしたいです。自分の感情とゲームの温度、選手のテンションも含めて振り返りをすれば、判定だけではなくゲームマネジメントにも生かされるでしょう。

⑤ 映像をみて振り返る

試合の映像があれば繰り返し振り返ることができる一方で、気をつけたいことがあります。気になる場面を自分の思い込みや決めつけでみないことです。例えば、ペナルティーエリア内での場面で、「これはファウルではないから笛を吹かなかった」という意識で映像をみると、自分にとって都合のよい観点からでしかみていないことになります。

「ひょっとしたらファウルにみえないか」と、違う角度や観点からみることが大切です。そして、違うポジションからだとどうみえるか、そのポジションをとるにはどのタイミングでどの方向に動くとよいかなどと、考えを深める習慣を身につけたいものです。その上で、「ファウルとするような接触はなかったから、ノーファウルだった」という判断があらためてできるのがよいでしょう。

また映像をみることで、自分がどんな場面や状況に気づかない傾向があるのか、あるいは苦手としているかを振り返ることも大切です。その解決策をあらかじめ考えることで、ゲーム中にあたふたしないで済みます。「しくじり帳」などを作って記録しておくことも一つです。決して苦手意識やプレッシャーに感じるのではなく、「そうそう、このようなときはこうすればいいんだったな」というように活用することで、冷静に対応できるように思います。

多くのゲームを次から次へと引き受けて経験を積むことも成長につながりますが、「振り返り」をじっくり行って、自分の中に一つひとつ落とし込むことのほうが重要です。「振り返り」を使って少しずつ悩みながら試行錯誤する時期を経ると、飛躍的に上達すると思います。

① 感じること、予測すること

副審の任務

試合前の準備について述べる前に、まずは副審の任務にはどのようなものがあるか整理しておきましょう。１９９６年、それまでの「線審」から「副審」（アシスタントレフェリー）という名称になり、その任務は多岐に渡るようになりました。主な役割を挙げます。

- ラインアウト（スローイン、ゴールキック、コーナーキック、得点）の判定
- オフサイドの判定
- ファウルサポート
- そのほかの主審の援助

いずれにおいても最終的な判断は主審が行います。副審の役割は主審の援助であることを常

に頭に入れておきましょう。

副審のポジショニングと動き

副審の動きは主審とは全く違うものであり、その特徴を理解しておくことも大切です。副審は主審と違い、基本的に自分のポジションを選択することができません。いわゆる「オフサイドライン」を常にキープすることが求められ、多くの場合はＤＦの最も後方の選手について動くことになります。能動的に動けず、受動的な動きになることが多くなります。そして、オフサイドラインを正しくキープしていることが選手やベンチ、そして主審からの信頼感を得るベースになるといえます。

オフサイドラインをキープするためには以下のようなことに気をつけ、常日頃のトレーニング時にも生かしたいものです。

●オフサイドラインとなるＤＦを視野に入れ、集中を切らさない

ときとしてプレーに注視するあまり、オフサイドラインからずれてしまうことがあります。

そして慌ててポジションを修正しようとしたときにミスにつながるケースがよくあります。

●サイドステップを多用するなど、できるだけフィールドに正対して動く

これを意識することで、DFとボールを同一視野に入れることが可能になります。

●できるだけ小さなステップを踏む

サイドステップの移動では、大きなステップのほうが速く楽に移動できるかもしれません。しかし、DFが方向変換したときに副審の両足が地面から離れていると、すぐに反応できません。また大きなステップを踏むことで体の上下動が大きくなり、視線もぶれてしまいます。

これらを踏まえ、普段のトレーニングでは主審よりもアジリティートレーニングやショートスプリントを多めに行うのがよいでしょう。また、体幹トレーニングも有益だと思います。

試合前の準備～イメージトレーニング

試合前の準備では、担当するチームの特徴を把握したり、イメージトレーニングを行っておきたいものです。試合の映像や、実際に会場で試合をみることができるのであれば、より具体的

なイメージが可能になるでしょう。以下に代表的なポイントを挙げます。

①FWの動きをチェックする

FWがどのようなタイプの選手なのかをチェックしましょう。裏に抜け出してスルーパスを受けるのが得意なのか、であればどのような動きから裏に飛び出すのか。そして、FWにパスを供給するのは主にどの選手か、その選手がどのようなボールの持ち方のときにパスが出てくるのか。これらを事前に理解しているとオフサイドを判定する上での助けになります。

裏に抜け出すプレーが得意なFWはオフサイドにならないように、スルーパスを受ける前に一度横に膨らんでから縦に抜け出していく動きを入れることが多いものです。また、パスを供給する選手は必ずどこかのタイミングで受け手であるFWを目で確認しているはずです。選手同士の視線のやりとりをみつけることも大切です。

一方で、ポストプレーを得意にする選手であれば、ボールを受ける前に行う相手守備選手とのポジション争いの特徴をチェックしておきましょう。

②ディフェンスラインのコントロールをチェックする

ラインコントロールはセンターバックがリードすることが多いでしょう。①で述べたように、FWが裏に抜け出す動きをしたときに声やジェスチャーでラインをコントロールするケースが多いと思います。また、そのときにセンターバックの視野外のサイドバックが戻ってきてしまったためにオフサイドにならないこともあります。この2点をチェックした上で、難しいオフサイドを判定するケースをイメージしましょう。

③ファウルサポートが必要なケースをイメージする

ファウルサポートは主審が求めたときに行います。どのようなケースで主審からサポートを求められるのかをイメージしておきます。

主審が事象から距離的に離されている、あるいは事象に時間的に遅れているケースはサポートが必要になることが多いと思います。また、選手同士のコンタクトポイントをみることが難しいポジション（「串刺し」のポジションといいます）にいる場合もサポートが必要になることがあります。したがって、主審のポジションを確認しておくことは大切です。

主審よりも副審のほうが事象を正しくみることができるのはどのようなケースなのか、具体的にイメージしておきましょう。前述した串刺しのケースでのホールディングなどは代表的な例でしょう。また、足の裏が副審のほうに向かってスライディングタックルに行くケースも、主審がアプローチを正しく確認しにくい一例です。

④差し違いが起こりそうなケースをイメージする

特にスローイン、ゴールキック、コーナーキックにおける主審と副審の事象の見え方の違いなどをイメージしておきましょう。副審が串刺しで事象をみるようなケースはラストタッチの確認が難しいので、主審に判断を委ねることも必要です。一方で、主審が串刺しのポジションのときは副審が判定をリードしたほうがよいケースもあります。

ゴールキック、コーナーキックでは、副審サイドであっても主審が近くまで寄っていれば主審の判断を優先するケースがよくあります。まずは主審をしっかりと確認しましょう。

⑤難しい得点のケースをイメージする

例えば、得点されたのにＤＦやＧＫがボールをゴールの中からかき出したケースでは、まず旗を上げてボールがアウト・オブ・プレーになったことを知らせましょう。そして主審とアイコンタクトをとる。次にハーフウェーラインの方向に走り、得点の合図をする。この基本をしっかりと常にイメージしておくとよいでしょう。

⑥集団的対立が起こったケースをイメージする

自分のサイドで対立が起きたとき、もう一人の副審サイドで起きたときでとるべき行動が変わってきます。具体的にどのような行動をとるかをイメージしておきましょう。自分のサイドで起こったときは、自分が介入することで対立を止められるのであれば介入します。その上で主審が介入してきたら事象から少し離れ、主審がみていないところの選手の動きをしっかりと確認しておきます。その際、自分が対立に巻き込まれることは避けましょう。

反対側のサイドであれば可能な範囲でフィールド内に入って選手全体が視野に入るようにし、

主審や事象に近いサイドの副審を含めた二人が確認できないところはどこかを考えて監視します。最終的には審判チーム全員で情報を必ず確認し、そこではみた事実をシンプルに伝え合うようにしましょう。

⑦主審のみえないところで重大な違反が起こったときの対処をイメージする

退場に値する反則が主審の視野外で起こったときに、どのような行動をとるかイメージしておきましょう。退場に値することが起こったら、まず旗を上げてプレーを止める必要があります。そして主審を呼んで自分がみたものを、そしてどのように処置するかを具体的に告げましょう(例えば、「赤チームのA選手が白チームのB選手をボールに関係ないところで叩きました。A選手は退場です。そして再開は白チームのフリーキックで再開します」など)。

試合の中で不測の出来事が起こると、なかなか適切な行動をとれないものです。事前にシミュレーションしておくことで冷静な対応が可能となると思います。次項で紹介する内容を参考にして、具体的なイメージトレーニングに取り組んでみてください。

主審　副審　4審・その他

②みること、判断すること、アクションすること

ここでは、試合中における副審の任務や実践する上での注意点について、4つのテーマ別に詳しく紹介していきます。

ラインアウトの判定

ボールがラインを完全に越えて、フィールドから出たことを確実に確認できる審判員は副審だけです。それだけに大切な任務となります。主に3つの局面があります。

①スローイン

スローインは得点に直結するケースが少なく、あまり重要でないように考えがちですが、主審と副審の差し違いや方向指示の遅れが選手のいら立ちを招き、ゲームコントロールに影響す

ることがあります。差し違いを防ぐために以下のことを考えてみてください。

●フラッグテクニック

体の下で、自分が方向指示しようと思う手に旗を持ち替えます。これにより、副審がどちらに方向指示しようとしているのかを示します。

●静止して主審とアイコンタクト

方向指示の前に必ずフィールドに正対して止まり、主審とアイコンタクトをとってから方向指示をします。スローインを行うチームが明らかなときはおろそかにしがちですが、常に実施することで本当に必要なときも確実に行えるようになると思います。

●判断できない場合の対応方法

副審がどちらのボールか判断できない場合、どのような方法で知らせるかを試合前に決めておきましょう。筆者は「旗を真上に上げて方向指示をしないので、主審が先に指してください」とお願いしていました。

②ゴールキック、コーナーキック

まず大切なのはゴールラインまで走り込むことです。それにより判定の説得力が増します。主審サイドであれば、主審の判断をフォローするケースが多いので、副審が急いでシグナルすることはあまりないと思いますが、副審サイドのケースは副審が自ら決めなければいけないと考えがちです。このとき、主審とのアイコンタクトをつい忘れてしまうことがあります。常に主審のポジションを確認する習慣をつけてください。主審が近くにポジションをとっているときは、主審が自分の判断を優先することはよくあります。

副審が確信を持てないときは無理に自分が決める必要はないでしょう。スローインのケースと同様に確信がないことをどのように知らせるか、主審と決めとおくとよいでしょう。筆者は、「ゴールキックだと思えば指示する前に体をハーフウェーライン方向に向け、コーナーキックと判断すればフィールドに正対したまま、ハーフウェーライン方向に一歩戻り指示する準備をします。その動きをみた上で違う判断をするならば先に指示してください」とお願いしていました。

③得点

得点もゴールの中でボールがゴールラインを越えたという「ラインアウト」のケースの一つです。サッカーの中では最も重要な判定だといえます。したがって、ボールがゴールラインを確実に越えたことが確認できない限り、得点を認めるべきではありません。

この判断のためにゴールラインまでしっかり走り込むことは大切ですが、多くの場合において人間はボールより速く走ることはできません。ボールに追いつこうと無理にフルスプリントすると視線がぶれてしまうリスクが高まります。こうしたケースでは、追いつくことをあきらめてボールの行方をしっかり確認することに集中しましょう。ボールがサイドネットなどからピッチ内に戻ってきた場合でも、ボールがゴールの中に完全に入ったことを確認することがより容易になります。以下では、得点の判定における対処例を紹介します。

●明白な得点のケース

ついつい主審とのアイコンタクトをせずに得点の合図をしてしまいがちですが、必ずアイコンタクトをしてから合図をしましょう。

●得点があったのにまだプレーが続いているケース

慌てずに、まずボールがアウト・オブ・プレーになったことを、旗を真上に上げて知らせます。その後、主審がプレーを止めたら得点の合図をしましょう。

●得点があったが、その前にファウルがあったと思われるケース

多くはペナルティーエリア内で事象が起こります。副審からは少し距離があり、主審のほうが近いことが多く、余計な介入をするとゲームコントロールに影響するのではないかと考えがちですが、プレーが再開されてしまうと決定を変えることはできません。自分が持っている情報を主審に伝えましょう。

すでにプレーは停止しているので再開を急がず、得点の合図をせずに主審を手招きして自分がみたものを簡潔に伝えましょう（例えば「得点を挙げたA選手はB選手とボールを奪い合っているときに明らかにB選手のシャツをつかみホールディングをしてボールを奪ったので、得

点を認めず守備側のフリーキックで再開すべきです」など)

オフサイドの判定

オフサイドポジションか否かを見極めるポイント

オフサイドの判定は、得点に結びつく重要な判定です。そして、選手がオフサイドポジションにいるか否かを正しく判断できるのは副審だけだと言えます。その判断を間違えると副審が決定的な得点機会や、大きな攻撃の機会を奪うことになります。筆者もW杯やアンダーカテゴリーの世界大会で副審を務めた際、大会前のミーティングで「副審がDOGSOをしてはいけない」と繰り返し言われていました。

オフサイドポジションか否かをより正確に見極めるために必要なことを挙げます。

① オフサイドラインを正確にキープする

多くの場合、オフサイドラインとなるのはGKを除く最後方のDF(「ラストセカンドDF」

といいます）です。その選手と自分との間に仮想のオフサイドランを引き、そのラインよりＦＷが前に出ているか否かを判断することになります。

オフサイドラインをキープするためにはラストセカンドＤＦの位置を把握し、それに自分を合わせる必要がありますが、漠然と選手をみているだけではうまくキープすることは難しいです。自分の体のどの部分とＤＦの体のどの部分を合わせればうまくキープできるか、自分なりの「ものさし」を持つとよいでしょう。筆者の場合は、自分の右肩とＤＦの胴体の一番後ろ（ゴールライン方向）の部分を合わせることを心がけていました。

また、タッチラインとの垂直をうまくとる必要があります。垂直をとることで仮想ラインを正しく引くことができ、正確なラインキープにつながっていきます。筆者は日常の生活でも工夫をしていました。外出した際にマス目になっている歩道のタイルなどの線を利用し、少し離れたところにあるものに対して垂直をとる練習をしていました。

② ボールが蹴られた瞬間を把握する

筆者が4級の資格を取得したころは、「副審（当時は線審）はラインをキープするためにしっかりDFをみて動く。ボールが蹴られた音が聞こえるから、それでボールが蹴られたタイミングをつかめばいい」と言われていました。しかし、それでは脳の処理のためのタイムラグが大きく、ボールが蹴られたと自分が思ったときにはボールはすでに移動しており、オンサイドをオフサイドと判断してしまうミスが起こります。

これを防ぐためには、「ボールが蹴られたとき」をみる必要があります。オフサイドラインをみることと、ボールをみることを両立するのはとても難しいものです。副審はオフサイドのより正確な判断のためにできるだけサイドステップを使用し、フィールドに正対した状態で移動することが求められています。筆者はさらに左足を引き、体を開く状態で移動していました。そうすればオフサイドラインとボールを同一視野に入れやすくなります。

③フラッシュラグエフェクトを克服する

フラッシュラグエフェクトとは、「ある光点が動いているとき、別の光点と並んだときに一瞬だけフラッシュ（閃光）を提示すると、動いている光点はフラッシュよりも先に進んだ位置にあると知覚されてしまう」ことです。サッカーに置き換えると、相手陣に向かって走っているＦＷはボールが蹴られた瞬間は、実際はオンサイドなのに副審にはオフサイドと知覚されてしまうということになります。ある意味ではヒューマンエラーといえるでしょう。

このエラーを克服するために、筆者は映像を繰り返しみました。さまざまな試合の際どいシーンをまず通常のスピードでみます。そしてオフサイドかオンサイドかだけではなく、「完全にオフサイド」「体一つ出ている」「体半分出ている」「少しだけ出ている」「並んでいる」「少しだけオンサイド」「体半分オンサイド」「体一つオンサイド」「完全にオンサイド」の９段階で判断します。次に、コマ送りでボールが蹴られた瞬間を止めてノーマルスピードとの映像のずれを把握します。それを繰り返し実施することで徐々にずれがなくなってきました。

④ 考え方を変える

オフサイドか否かの判定は得点につながることが多いです。そのため、副審には「オフサイドを見落としたくない」とミスを恐れる気持ちが起こります。試合中、選手も審判も映像をみることはできません。そして先に述べたフラッシュラグエフェクトのため、観客も含めて実際はオンサイドなのにオフサイドと判断する傾向があります。結果的に、際どいものはオフサイドにしたほうが無難だと感じ、自分では「オンサイドだ」と思っているのに自信を持てず旗を上げてしまうケースが出てきます。

こうしたミスを起こさないために、筆者は「同じミスをするなら、点が入るほうにミスをしよう」と考えることにしました。それにより、オンサイドのものをオフサイドとするミスはなくなっていきました。

プレーに関わったかどうかを見極める

選手がオフサイドポジションにいるか否かの見極めを向上させるポイントを述べてきましたが、実際はオフサイドポジションにいるだけではオフサイドの反則にはなりません。オフサイドポジションの選手が「そのときのプレーに関わった」と判断されたときにオフサイドとなります。「プレーに関わった」と判断されるのは次の３つのケースです。

① プレーを妨害した

② 相手競技者を妨害する

③ その位置にいることによって利益を得る

①については、攻撃側の選手がボールに触れたという事実に基づく判断ですが、②③では主審と副審がみる角度によって判断が変わることがあります。副審は明らかにオフサイドでないと判断できるケース以外は、旗を上げて主審に攻撃側の選手がオフサイドポジションにいたことを知らせます。また、攻撃側の選手と守備側の選手が競り合ってボールに触れ、オフサイドポジションの選手のところにボールが来たケースも副審が判断するのは難しいです。このケースもラストタッチが自分で判断できないときは旗を上げる必要があります。

オフサイドの最終判断も主審が行うので、副審は旗を上げたら必ず主審を確認します。主審が旗のキャンセルのジェスチャーを示した場合は旗を下ろし、すぐにプレーを追いましょう。

なお③のケースでは、シュートの跳ね返り時のオフサイドの判断でミスが起こりがちです。シュート時は得点か否かの判断に意識がいくからです。このケースではシュートが打たれときの場面を頭に残しながら、得点の判断のためにゴールライン方向に動く必要があります。

ファウルサポート

副審は主審の視野外、つまり主審がみえなかったファウルについて、あるいは主審がサポートを求めてきた場合にサポートする必要があります。

まず主審の視野外か否かの判断をするためには、主審のポジションを把握しておく必要があります。それにより主審が事象から離れている、あるいは角度が悪いことが分かればサポートが必要だという判断の手助けになります。また、主審がサポートを求めているときは副審をみることが多いです。そこでアイコンタクトがとれれば、よいサポートにつながります。

主審が事象の近くにいても、ファウルがあった瞬間に選手が主審の目の前を横切るなど、ファウルが確認できないことがときとしてあります。明らかなファウルでも笛が鳴らないケースが想定されるのでサポートをしたいものです。

また、足の裏が副審のほう(主審から離れる方向)に向かって行われたスライディングタックルでは足の裏がコンタクトしたことが主審からはっきりと確認できないケースがあります。そのためファウルの笛は鳴ったものの、懲戒罰が示されないことがあります。副審が警告や退場と判断したのであれば、主審に告げましょう。

コンタクトの様子や程度は角度によって見え方に違いが生じるケースがあります。そのときは主審と見え方が違うことも頭に入れて、ファウルサポートするか否かを判断しましょう。このようなケースでは、筆者は「警告や退場に値するものでなければ、サポートできなくてもいい」と割り切り、「なんとしてもサポートしなければ！」と思わないようにしていました。

ファウルサポートする際は方向指示する手で旗を上げ軽く振り、スローインやオフサイドとの違いを明確にして、主審が笛を吹いたらあらためて方向指示を行います。

その他の主審の援助

集団的対立や主審の視野外での退場に値する反則といったゲームコントロールを乱す重大な事象については、主審を必ず援助したいものです。

集団的対立

事象が副審の目の前で起こったら、できれば対立に発展しないように介入します。ただし、いつまでも介入していてはいけません。主審が介入したら、次に副審のすべきことは主審がみていないところを監視することです。主審と副審が同じ場所に同時に介入してしまうと、二人とも同じものしか目に入らなくなります。そうならないように少し事象から離れ、主審がみえないところを監視しましょう。そして対立が収まったら審判チームで情報を共有してください。懲戒罰が必要な事象の見逃しをなくすことにつながります。

あるゲームでこのような経験があります。筆者側のペナルティーエリア手前でDFのラフプレーが起こった際、主審が笛を鳴らしたのちに対立が起こりました。主審が対立に対応している背後で、守備側のほかの選手が持っていたボールを、攻撃側のほかの選手が奪い取ろうとしました。そのとき、守備側の選手が攻撃側の選手を押し倒したのです。

筆者はフィールド内に少し入り、全体がみえるポジションで主審の死角を意識し、監視に努めました。対立全体が収まったのち主審を呼んで私がみた事実を伝え、攻撃側の選手を押した守備側の選手に対して警告を示すべきだと進言し、主審は進言を受け入れてくれました。

主審の視野外での退場や警告に値する事象

このような事象を見逃してしまい、何も懲戒罰が示されなかったらゲームは大きく乱れます。そのためにも、主審の死角となっているところを意識しておくことが大切です。また、事象が突然起こるように思いますが、それまでに選手がいら立っていたりするなど兆候はあるはずです。それを見逃さないように選手の表情やしぐさを観察しておきたいものです。

これも筆者の経験ですが、あるゲームの後半、リードしている側のＤＦがボールをタッチライン外に蹴り出したのちに自陣ペナルティーエリア手前で負傷したとして倒れました。リードされたチームは前半からラフプレーで警告されている選手もいて、自分たちのプレーがうまくいっていないこともあり、少しいら立っていました。

主審は負傷選手に対応していましたが、リードされている側は相手の時間稼ぎを感じてさらにイライラするかもしれないと私は考え、主審の視野外、特にスローインのためにボールを保持してタッチライン付近にいる選手を意識して、多くの情報を獲得しようと努めていました。

すると、ボールを保持していたその選手は、負傷選手と主審がいる地点をめがけてボールを蹴りつけました。ボールはどちらにも当たりませんでしたが、私はその選手は負傷選手か主審のどちらかにボールを当てる意図で蹴りつけたと判断し、負傷選手がフィールド外に搬出されたのち主審を呼んで、みた事実を告げました。その選手を乱暴な行為として退場にすべきだと進言し、主審もその進言を受け入れてくれました。

③ 振り返ること

試合の振り返りは、自分のパフォーマンスを向上させるために欠かせないものです。４つの振り返りができるとよいでしょう。

① ハーフタイムの振り返り

振り返りは試合が終了したあとだけではありません。ハーフタイムにも振り返りは必要です。特に、以下のような内容は確認し合って後半に臨みたいものです。

●前半にスローインなどの差し違いが起こったとき→後半はどのようにして防ぐか

●前半にファウルサポートのケースがあった場合→副審が介入すべきケースだったか、旗のタイミングは適切だったかについて主審がどのように感じているかを聞く（その試合だけではなく、のちの試合でもサポートの質を上げることにつながる）

●注意を払っておく必要がある選手を確認する

●ディフェンスラインの特徴を反対側の副審と情報交換する

②試合後の振り返り

自分たちのパフォーマンスが審判チームとして機能していたか、次に向けて改善点はあったかなど、全体のゲームコントロールを考えて意見や情報の交換をしておきましょう。

③審判指導者からの振り返り

アセッサーやインストラクターが派遣されている試合では、試合後にコメントがあるでしょう。ときとして自分の思いと違うコメントもあるかもしれませんが、「フィールドの外からはそのようにみえている」ことをまず受け入れたいものです。その上で自分の考えを述べ、審判指導者と一緒に次の試合への課題や目標を考えたいと思います。

④帰宅後の振り返り

●映像がある場合

自分のパフォーマンスをより客観的に振り返ることができます。筆者は「自分はミスをしている可能性がある」と考えながら映像を確認しました。なぜならば、人は自分の行動を正当化したくなるもので、ついつい「自分が正しい」と思うための根拠を探してしまいがちだからです。それでは自分のパフォーマンスの向上につながりません。

オフサイドについては、単に自分の判定が正しかったか否かだけではなく、「DFの選手と比べて、オフサイドポジションの選手がどれくらい出ていたか」について、試合のときにみた場面と映像でみたものに違いがないかチェックすることで、判定の精度向上に役立つと思います。

また筆者は、シュートシーンやクロスのシーンなどについても試合でみた場面と映像でみたものが同じようにみえているかチェックしていました。映像ではみえている選手が試合ではみえていなかったケースがあった場合、ミスにつながる可能性があるからです。

そのほか、試合の中で気になったシーンは映像で確認することでパフォーマンスの向上につながると思います。

●映像がない場合

客観的な振り返りは難しいかもしれません。しかし、審判指導者に指摘されたシーンを中心にもう一度パフォーマンスを振り返り、「違ったやり方がなかったか？」「よりよいサッカーにするために自分にできることはほかになかったか？」と考えることはとても有益だといえるでしょう。

筆者は振り返りの際に、試合での選手やベンチの反応も参考にしていました。また、自分だけで振り返ってもよい答えが導き出せないときは、仲間や先輩に質問することもありました。その意味でも仲間や先輩の審判員の存在はとても大切だと思います。

主審と副審の特性

ここまで主審と副審におけるレフェリング・スキルの向上について述べてきましたが、本項では主審と副審の特性について考えます。両者は選手とともによりよい試合を作るという同じ目標を持っていますが、目標へのアプローチには明確な違いがあります。その違いからそれぞれに求められるものを考えてみましょう。

①動き方の違い

●主審はベターポジション、副審はベストポジションを目指す

主審はフィールド内を自分の意思で自由に動くことができますが、副審はタッチラインに沿った限られた範囲で、しかもほぼ受動的にしか動けません。主審は何をみたいかによって、角度、距離を工夫し、リスクを考えながらベターポジションを探して動く一方で、副審は常にボール

とタッチライン、ゴールラインを意識してベストポジションを追求して動きます。

副審は刻々と変化する状況に対してアジャストする力を試されることが多く、ゴールラインをボールが越えたかどうか、蹴った瞬間オフサイドポジションにいたかどうか、そこでしかみえないところに忠実に位置する必要があります。

したがって、動きに関しては副審のほうが限定され、正しく動いているかが分かりやすいといえます。副審は白黒を明確にすることができますが、主審はファウルとするかどうかを含めてグレーの部分を持ってゲームをトータルにコントロールしています。

●主審は適切な動作の組み合わせ、副審は細かな動きが求められる

さらに、副審は片手で旗を振らないようにダッシュ、ストップ、サイドステップ、バックステップといった細かな動きが求められるので、スプリント力と敏捷性を備えておく必要があります。ボールと主審を意識して同一視できるような体の向き、オフサイドラインを監視するための姿勢、旗を上げたときの姿勢を動きの中でとらなければならないため、コーディネーション力も求められます。

主審もアジャストする力やコーディネーションする力が求められますが、「必ずこう動かなければならない」というものではありません。常にベターポジションをとり続けるために、ダイナミックな動きや細かいステップワークの組み合せで幅広く動くことが必要です。もっといえば、正しい判定やよいマネジメントを行うために、多くの人を納得させるような段取り力、ゲームコントロールが大切になると考えます。

プレーに関する事実について主審の決定は最終なので、多くの選手に受け入れられる器量、人間力を備えたいものです。判定が難しい場面でもプレーを予測し、常に適切なポジショニングに努める。そして、よいタイミングで笛を吹き、選手とのコミュニケーションを心がける。そうすることで、選手やスタッフは最終判断を受け入れてくれるように思います。

②持ち物、任務、権限の違い

●主審…ゲームコントロール、副審…ラインの監視＋主審の援助主審は笛とカードを持ち、ゲームをコントロールすることが任務です。副審は旗を持ち、ゴールライン、タッチライン、オフサイドラインを監視する任務と主審のゲームコントロールを援助する任務の両方を兼ねています。したがって、副審のほうが任務の幅が広いともいえます。

主審は自分のタイミングで判断をしているのに対して、副審は自分の判断を伝えるために主審のポジションやゲームの展開も考え、タイミングを見極めて知らせています。

●副審による主審のサポートは多岐にわたる

例えば、副審がオフサイドのフラッグアップをするとき、主審の位置や視野の方向をみてタイミングを計り、旗が上がっていることを知らせるために旗を上げる音にも気を遣っています。主審がみて笛を吹かなければオフサイドは成立しません。副審は主審が吹くまで同じ位置で立ったままでいますが、もし主審がみないままで攻守が入れ替わって守備側の攻撃になったら、よほど失点に結びつく場合を除いて、次の場面に対応するために旗を下ろしてポジションを移動します。

このとき、守備側の選手は副審に向かって「オフサイド！」と不満をぶつけてくるときがありますが、「主審がみないから」とは答えられず、「主審に言って！」と心の中で思いながら、次のポジションに移動することしかできません。一方で、主審は「ごめん、みてなかった。次は、みます」と簡単に片づけてしまいがちです。こういう場面では、ボールのアウト・オブ・プレー時に「フラッグアップしてもらったみたいですが、すみません。次はみます」というジェスチャーやアイコンタクトを主審から副審に送ると思いますが、副審は選手から不信感を抱かれていても、「ＯＫ」と応えるしかできないでしょう。

さらに、副審は主審がみていなかった試合結果に影響を及ぼす場面（ペナルティーエリア外でのＧＫのハンドの反則など）や重大な反則（ボールがないところでの相手選手を殴るような乱暴な行為など）が起こった場面では、自分の近くであっても主審サイドであっても旗を振って合図し、主審に情報を伝えます。ボールがないときでも視野を広げて、主審をサポートする準備をしています。

このように、任務の違いによって試合中のコミュニケーション（意思疎通）の取り方も変わってくるのです。

③メンタリティーの違い

①②でみてきたように主審と副審は任務が異なりますが、その特性によって備わっている（備えておきたい）メンタリティーにも違いがあるように思います。ゲームにおいて、どちらかといえば主審は大局的に、副審は局所的に見ることが求められるといえるでしょう。

●副審…目配り、気配り、心配りが大切

主審は笛やカードで選手に直接対応できますが、副審は旗で主審に合図・助言を行い、選手に対応してもらわないといけないため、ある意味で理不尽さに耐えて主審をサポートするメンタリティーが必要な気がします。特に副審1はベンチのスタッフや交代選手に近く、しばしば声をかけられます。ときには、テンションの高い監督とコミュニケーションをとることもあります。また、副審は主審よりも観客に近い位置にいるので、観客の不満や罵声が直接耳に入ってくることが多いです。そういった場面でも冷静に、動揺せずに任務を果たしています。

副審は「目配り、気配り、心配り」ができることが大切だと言われています。オフサイドラインを常にキープするだけでなく、いろいろなところに視線を拡散させ、試合中は集中力を切らさずに意識を高めます。主審が気持ちよくレフェリングできるように表情、アイコンタクト、ジェスチャーなどを使って細やかな配慮をしています。ときには冷静にゲームの温度を察知し、気になる選手を目で合図したり、主審を呼んで疑問を尋ねたり、自分の持っている情報をシンプルに伝えたりすることもあります。

●主審…最終決定を「普通に」下したい

主審は、副審の協力があって初めて選手と一緒にゲームを作ることができることを忘れてはなりません。その中で、選手がどれだけプレーに集中し、相手をリスペクトしながら競い合っているかを感じたいものです。

刻々と変化し、いろいろな事象が起こるゲームにおいて、「安全」「公平・公正」「楽しさ」という競技規則の精神に基づき、競技規則を解釈して適用する。そして、選手という人間を相手にしなやかに対応し、最終決定を「普通に」下したいものです。決して、毅然とした態度を誇張したり、「強く」みせたりする必要はないと考えます。

そこには、サッカーにおける常識や人としての常識が求められます。周囲に影響されることなく、一つひとつの事象を冷静に、リーダーシップを持って裁く責任や自覚が醸し出されることによって、選手が信頼を寄せてくれるのではないでしょうか。上から目線の権威的な振る舞いや言動ではなく、プレーしている選手、みている観客と一緒にサッカーの素晴らしさを味わいたいという気持ちを常に前面に出したいものです。

（※Ｐ２１２－２１３には主審・副審のタイプ別診断チェックシートを掲載しています）

セルフチェック
あなたは主審向き？副審向き？

P204－211でも述べたように、主審・副審にはそれぞれ特性があります。以下の設問についてⒶとⒷでどちらが自分により当てはまるか、チェックしてみてください。Ⓐの数が多い人は主審向き、Ⓑの数が多い人は副審向きのメンタリティーや行動の特徴があるといえるでしょう。期間をおいて何度か行うのも面白いと思います（科学的根拠はありませんので、気軽にやってみてください）。

① 本を買うとき　Ⓐパラパラと全体をみて　Ⓑどこかのページを読んで　決める

② 旅先では　Ⓐ自由に　Ⓑあらかじめ調べた場所を目的にして　行動したい

③ 電子機器を買うとき　Ⓐトータルのデザイン　Ⓑ具体的なスペック　を意識することが多い

④ 会話をするとき　Ⓐ思いついたこと　Ⓑ頭の中で整理したこと　を伝える

⑤ ランニングは　Ⓐ長い時間同じペースで　Ⓑ短い距離を繰り返して　走りたい

⑥ 物事を決めるとき　Ⓐいろいろな視点から考えて　Ⓑ二者択一のどちらかで　決めたい

⑦物事を考えるとき　**A ゴール（目標）**からさかのぼって　**B 一つひとつ積み重ねて**　考えたい

⑧一つの失敗に　**A くよくよしない**　**B こだわる**　ほうだ

⑨何かをしていて達成感を覚えるのは　**A 全体の雰囲気を感じる**　**B 細部を見極める**　ときだ

⑩物事を考えるとき　**A 一瞬のひらめき**　**B 分析した結果**　を大切にする

⑪自分はどちらかといえば　**A リーダーシップ**　**B フォロワーシップ**　のほうがある

⑫集団で行動するとき　**A 先頭に立って**　**B 後方から様子を見ながら**　歩く

⑬物事に取り組むとき　**A コミュニケーションをとりながら**　**B 集中して黙々と**　進めたい

⑭物事を決めるときに最終的な判断を　**A 自分で下したい**　**B 他人に任せたい**

⑮集団で物事を決めるとき　**A 少数派でも気にならない**　**B 多数派に属することが多い**

⑯試合では　**A 次に起きそうなこと**　**B 今、目の前で起きていること**　を判断したい

⑰あるシーンを映像で振り返るとき　**A スロー再生で**　**B コマ送りで**　みたい

⑱ゲームを振り返るとき　**A トータル**　**B 具体的なプレー**　で振り返りたい

⑲ミーティングでは　**A 周囲の意見を聞く**　**B 自分の意見を言う**　ことが多い

⑳審判研修会での役割をお願いされたら　**A 司会**　**B 書記**　を引き受けたい

第4の審判員の役割

試合における取り組みの流れ

第4の審判員はレフェリーチームの一員として、主審や副審が集中してレフェリングに取り組めるように試合前から多方面にわたって目を配り、試合中は主審・副審と同じ感覚でゲームをみることが求められています。またテクニカルエリア、ウォーミングアップ場を含め、フィールド周辺を管理することも任されています。基本的な仕事を時間的な経過とともに挙げます。

●試合前…主審・副審の交代にも備える

会場でまず主審、副審と挨拶し、時刻を確認して時計を合わせます。初めて組むときは話し方や仕草(困った・うれしいなどの表情)の特徴を観察し、ゲーム時に生かします。同時に、ボールの個数を確認し、主審が指定した空気圧になっているか点検します。過不足があれば調整してから運営サイドに渡します。交代ボードの使い方を確認しておきます。

次に、4人でフィールドインスペクションに行きます。第4の審判員としては、ベンチの位置と椅子の数、テクニカルエリア、交代選手のウォーミングアップスペース、第4の審判員の位置、担架の位置などを運営サイドと確認します。万が一、主審や副審が負傷などのトラブルで交代したとしても支障なくできるように、グラウンドや副審の走路のコンディション、日差し・光線によるグラウンドの見え方などもチェックしておきます。

開始前には、メンバー用紙、メモ用紙を挟んだバインダーのほか笛やカードなど主審に必要な用具一式を第4の審判員の席に置いておきます。その後、選手が更衣室から出てきたら、選手のユニフォームの番号(シャツ、パンツ)、用具(すねあて、スパイクなど)、アクセサリーなどを4人で点検します。そしてグラウンドに入って整列後、どちらがキックオフを行うかメモをとり、主審がキックオフの笛を吹いて、ボールが蹴られてインプレーになったら時計(ストップウォッチ)の計測をスタートします。

●試合中…警告・退場が生じた場合は対象者の確認を怠らない

試合が始まれば、交代の手続きの管理、競技者と交代要員の用具の点検、主審のシグナルや承認を受けたあとの競技者の再入場、ボール交換の管理、アディショナルタイムの表示、テクニカルエリアに入っている者の管理などが主な任務です。仕事が重なれば、副審1にも手伝ってもらい、落ち着いて行います。負傷者が出た場合は、担架要員にスタンバイを依頼し、主審の合図をみて負傷者のところへ駆けつけてもらいます。フィールド外で治療した選手が復帰するときは、主審から合図があればフィールドに入ってよいことを伝えます。

アディショナルタイムの表示については前後半終了の1分くらい前にタッチライン近くで交代ボードを持ち、主審からの合図や言葉によって交代ボードに数字を作って主審に確認します。そして、表示するまで時間がある場合はいったん戻ってから前後半終了時に、チームスタッフ・観客によくみえるようにボードをフィールド正面とベンチに向かって10～15秒くらい高く掲げます。選手の交代と重なるときには交代を優先します。表示する時間が30秒くらい超えてしまったら、両ベンチにアディショナルタイムを口頭で伝えます。

主審が警告・退場を命じた場合には、副審1とチーム名、選手番号、理由が分かれば確認・記録し、前後半終了時に主審と確認します。分からなければ、主審が近づいたときに確認することもあります。警告・退場の対象者の間違い、2枚目の警告による退場のミスを防ぐためにも必ず確認したいものです。

●試合後…4人で記録の確認を行う

主審、副審、第4の審判員の4人で得点、交代、警告、退場を含めて記録の確認を行います。もし、ゲーム前、中、後に起こったことで報告すべきことがあれば、主審に伝えて審判報告書に記載してもらいます。

ファウルサポートなどタスクが増えるケース

レベルによってはプレーの多様化や高度化によって、第4の審判員が主審や副審を助ける役割も担うようになります。例えば、ボールがタッチラインを割る際の難しいラストタッチや主審・

副審からみえないファウルの判定、警告や退場に値する行為の判定など、明らかに第4の審判員のほうが分かりやすい場合に主審にジェスチャーや言葉で伝えることがあります。また、ベンチやテクニカルエリアにいる監督・コーチ・控え選手の言動に対して、必要に応じて主審を呼んで注意、警告、退場を与えます。

したがって、第4の審判員はただ座ってゲームを眺めているわけにはいかず、立ったままピッチ内外の状況を常に視野に入れ、メモをとっておきます。ゲーム開始時には両ベンチに行きながら、誰がどこに座っているのか、ビブスや服装などを確認しておきます。

監督や控えの選手がテクニカルエリアを1歩出たり、判定にひと声あげたりしたときに神経質な対応を取ることは不要ですが、常にみてみぬふりはよくありません。選手の異議と同様、小さなところでコミュニケーションを取ることが大切です。「事前に対処する」「気を静める」「一息入れる」といった感覚で対応するとよいでしょう。直接声で伝えるよりは、まずはゆっくり歩いていき、相手の視野に入って表情やジェスチャーを使ってタイミングよく伝えるのも一つの方法です。次に、言葉で明確に「注意」を行います。

主審が意識すべき第４の審判員への対応

主審も試合中における第４の審判員の行動を理解する必要があります。前述のように、第４の審判員がなぜベンチに対応しているのかを把握しておきましょう。こうした積み重ねで４人のチームワークがより機能し、よいゲームを作り上げることになります。試合前の打ち合わせでも主審は第４の審判員に対して、「お任せします」「コモンセンスで」といった漠然としたものではなく、例えば主審を呼ぶ手順・基準などを具体的に示したいです。「２回注意したが改善されない」「大きな身ぶりで判定に異議を示している」「ペットボトルを蹴った」「誰にでも聞こえる声で攻撃的、侮辱的、または下品な発言をした」などです。こうした手順を共有できれば第４の審判員の心理的プレッシャーは軽減され、よいゲームコントロールにつながると思います。

第４の審判員が競技のフィールド外の出来事をコントロールしてくれると主審は競技のフィールド内の事に集中できるので、非常にありがたいものです。

上級審判員を目指して

「○○したい」という意欲が成長を後押しする

「これをすれば、必ず上級審判員になれる」という法則やデータがあるわけではありません。しかし、これまでみてきたトップレベルの審判員には共通した事柄が存在するように思います。その一つが、「〜したい」という前向きな意欲が強いことです。いくつか例をあげます。

① サッカーが好きで、チームや選手と関わりたい

サッカーは一つのボールを使って、広いフィールドで自由なアイデアといろいろな技能でゴールを競うスポーツであり、うまくできなくても攻防の面白さを味わうことができます。一つとして同じ場面はありません。

その中で、多くのゲームをみて、プレーを感じてもなお、選手たちの素晴らしいプレーをもっ

と間近でみたいという欲求を持てるかどうかは大切です。それを叶えることができる立場にいるのが審判員だからです。ボールを蹴る音や選手の声がじかに耳に入ってきます。そして、選手と「ナイスプレー」「ナイスジャッジ」などとコミュニケーションをとることができ、〝特等席〟でサッカーの魅力に関われる幸せを感じることができるのです。

②サッカーを理解したい

自分が関わるサッカーがどんな特性を持っているかを理解したいという意欲も大切です。サッカーは11人対11人で得点を競うもので、選手はゴールをめざしてプレーをします。ゴールに近づくにつれて激しく、スピードのあるプレーが多くなってきます。特にペナルティーエリア内の攻防が得点につながりやすいので、その場面を正しく見極めることが主審に求められます。ゴールに向かってどのようにボールを運び、どのように防ぐのかに目を向け、選手がどんなプレーをするのか、チームとしてどんな攻め方や守り方をするのかを理解する。その中で自分がイメージしていたプレーや現象が起きることが喜びの一つでもあります。

一方で身体接触が許されている競技であり、どんなプレーが危険なのか、あるいは選手はどんなプレーを嫌がるのかを理解することも大切です。自分が実際にプレーして感じることが一番ですが、審判をすることでゲーム中に選手から情報を得ることができます。また、いろいろなゲームの中で選手の反応を観察することでも得られます。ただ漠然と走って笛を吹くだけではなく、いろいろなことを感じ、観察しながらレフェリングにあたりたいものです。

③ 審判の役割を理解したい

審判は本来、選手がセルフジャッジを下す上で困ったときに最終的な判断をする役割を担っています。その決定に対して、両チームにすべての場面で納得してもらえることは少ないでしょう。しかし、選手とともにより楽しく安全で魅力的なサッカーができるように、選手の気持ちやゲームの流れを理解し、選手がプレーに集中できるようにサポートすることが重要です。

選手の表情や仕草から心情を察してコミュニケーションをとります。選手のテンションが上がりすぎたときには落ち着かせ、ゲームの流れを壊すような悪質なプレーずるいプレーは勇気を出して排除します。ファウルやリスペクトに欠けた行為をするチーム・選手が得をしないように心がけます。とはいえ、上から目線の対応や、笛やカードを前面に出すようなレフェリングは選手から信頼を失うことになるので気をつけましょう。あくまでも冷静に、平常心で、誰もが当たり前と思うことをごく当たり前に行いたいものです。

④ ポジティブにとらえたい

うまくできたゲームより、うまくできなかったゲームのほうがはるかに多いです。完璧にはできません。だからこそ、少しでも完璧に近づくように努めます。そのときに大切なことはポジティブに考えることです。「今日のゲームで学んだことで次に同じ失敗をしないようにするにはどうすればよいか」「ここは気づいていたが、その他がわからなかったから次はこうしてみる」などと考えたいものです。ミスや苦手なことの原因や要素を書き出して分析したり、できたことの原因や理由を探ったりすることもポジティブな解決方法だと思います。

またゲーム中は、やったことを一つひとつ振り返らず、常に「次に起こること、すべきこと」

に切り替えて集中します。その意味では失敗やうまくできなかったことを引きずらず、「忘れやすい」ことも一つのポジティブポイントと言えるのではないでしょうか。「さっきはさっき、これはこれ」と割り切ってやることも大切だと考えます。

⑤ 学び方を身につけたい

日常の勉強や仕事・家事と同様ですが、新たなことやできないことをできるようにするために自分に合った方法を考えることは欠かせないでしょう。例えば、とりあえずやってみる、ほかの人々からアドバイスをもらう、自分の映像やデータから情報を分析する、ほかの人の映像をみたり話を聴いたりするなど、方法はさまざまあると思いますが、その中から自分に合った方法を見つけることが重要です。自分のスタイルを見出すことが成長の早道だと思います。

失敗やうまくできないことが多い審判の世界では、素直な心を持っていることが「教えられ上手」だと思います。選手の声やほかの審判仲間からの意見を素直に受け入れ、チャレンジしてみる姿勢を持っていると、多くのヒントをもらえるように思います。

また、前述したように「準備⇓実践⇓振り返り⇓準備」というサイクルを回しましょう。うまくなるには実践だけでは時間がかかります。「準備と振り返り」によって質を高めます。栄養、睡眠、トレーニングなどのコンディション調整やゲームに臨む前のメンタルリハーサル、チームの情報分析などの準備にも時間を費やします。よい準備ができると自信を持ってゲームに臨めます。そしてゲーム後はいろいろな観点から自分なりの振り返りをすることによって、次のゲームが待ち遠しくなり、早く試してみたくなるものだと思います。

以上、上級審判員になるには、能力が必ずしも右肩上がりで、直線的に伸びていくものではありません。一時的に下降することもありますが、それは次の飛躍に備えた力を蓄える期間であったり、自分の中での変化を起こす試行錯誤の期間だったりします。また、スポーツでは「たまたま」「偶然に」という運の要素も重要であり、その運を呼び込むために自己研鑽的な歩みを積み重ねていきたいものです。日常の生活の中に審判の活動が活かされたとき、人としての成長が審判としてのステップアップにもつながるように思います。

コラム②
U18&15審判員へのメッセージ

近年ではU-18・15世代の審判員も増えています(*)。若いうちから審判に興味を持っていただいていることは非常にうれしいことです。審判の資格を持つことで、プレーとは違う側面からサッカーを理解できるでしょう。特に競技規則に触れることで、サッカーというスポーツの歴史や変遷を理解し、現代サッカーが求めていることを知ることができると思います。

一方で、できるだけ選手としてプレーすることも大切だと思います。プレーをしている中で、「危ない」「ずるい」「ファウルされても続けたい」などを感じる肌感覚は備えておきたいものです。選手の立場に立つことで、審判の見方や選手とのコミュニケーションのとり方も変わってくるでしょう。同時に、選手と同じ目線でみることで、ベンチからみる事象やテレビ、スマートフォンなどの映像でみる事象とは違ったものが得られると思います。現場の選手からじかに学ぶことが多いのは本書のエピソード集からも明らかです。

審判には特有の技術やある程度の経験が必要だといわれますが、たくさんゲームをやればうまくなるわけではありません。すべてに共通しますが、目標(ビジョン)と振り返りが重要です。やりっぱなしでは変化をつかむことはできませんし、蓄積されていきません。何をしようとしたのか、何ができて・できなかったのか、なぜできたのか・できなかったなどを振り返ることです。

自分一人で気づけなかったなら、友だちや他の人にたずねてみてください。話をするだけでも、自分の考えを整理することができるものです。

*2021年4月1日現在、JFAが定める4級審判員においてU-15は2万6000人、U-18は6万5000人を超えている

第3章

対談
審判&選手のJ草創期懐かしエピソード
小幡真一郎×都並敏史（ブリオベッカ浦安監督）

2021年7月7日、都内にて実施

Jリーグ開幕前後の日本サッカー

小幡　今日は日本リーグ時代からプレーされていた都並さんとお話しさせていただけるので、当時のことやJリーグがスタートしたころを振り返ることができればと思っています。

都並　まず日本リーグ時代が今と一番違うのは、審判の方も「サッカーというスポーツに携わる仲間である」という、内輪の意識がとても強かったところですね。それこそ読売クラブ（現東京ヴェルディ）のグラウンドにまだ駆け出しだった頃の高田静夫[※1]さんが練習試合に来て笛を吹いて帰られる、そんな時代でしたらから。ボクの日本リーグデビュー戦は新日鐵八幡のグラウンドでしたが、試合が終わったら審判の方と一緒に風呂入ってましたよ（笑）。

小幡　ありましたねぇ。そういう時代でした。

都並　当時、練習試合を古河電工（現ジェフ千葉）のグラウンドでやるときは横浜の駅から20分ぐらい歩く場所でやってました。そしたらある審判の方は20分かけて駅から、ご自分で歩いて来られていた。それで、何度か駅まで車で送ってあげたんです。そうしたら、その方は、以降ボクに一度もイエローカードを出さなかった（笑）。「お前には優しくしてもらったから出せない」って直接言われましたよ。だから冗談抜きで、そういう家族のようなつながりでやってたんです。

小幡　本当に今とはまったく違うリーグでしたよ

※1…日本人で初めてW杯（1986年メキシコ大会）で主審を務め、Jリーグでも1994年まで試合を担当。2013年、日本サッカー殿堂入り

ね。ボクは関西所属だったんですがヤンマー（現セレッソ大阪）と日本鋼管などのビッグゲームでも観客はおそらく５００人にも満たないんです。お客さんはパラパラとスタンドに点在しているだけ。逆にカメラマンなど、報道陣の方は１カ所に固まっているからそっちのほうが目立ってしまうぐらいでした（笑）。それがＪリーグ開幕で一気に変わりました。

都並　リーグが開幕する前年に前哨戦として行われたナビスコカップ（以下ナビスコ）あたりから、お客さんも一気に増えましたね。ただそれだけじゃなくて選手の意識もすごく変わったんですよ！　ボクがいた読売クラブはプロ契約の選手もいて意識が高い選手が多かった。でもほかの日本リーグのチームはコンディショニングなんてあまり気にしない選手も多かったんです。だからもう、そこでアドバンテージを感じて精神的に優位に立てたんです。「コイツは技術はあるけど走れないな」とか。

でもナビスコが始まってほかのチームの選手をみたら、まず体つきが変わっている。みんなフィットネスを高めた状態で試合に臨んできた。チームメイトと「こりゃ今までの感覚でやってたらヤバイぞ」って話し合ったのをよく覚えています。プロって対戦相手のコンディションはすぐに見抜くんです。

小幡　その意気込みだったりプロに懸ける思いというのは審判にも伝わってきましたからね。それこそスピード一つとっても全然違いましたし、一番感じたのはインプレーの時間〝アクチュアルタイム〟が増えていったことです。ボールがタッチを割っても一息つく間がない。すぐに次のプレーが始まりましたから（笑）。

都並　当時は、名称が読売クラブからヴェルディになる頃でしたが、ボクらの試合を吹くときはどんな印象を持っていましたか？

小幡　難しかったのをよく覚えています。

都並　〝うるさい〟のが多かったですからねぇ（苦笑）。

小幡　個性的な選手が本当に多かった。

都並　個性と言っていいのか分からないけど、当時、「プロになるというのはこういうことか」と思ったエピソードがありますね。本来は審判も含めて仲間だと思うんです。だけど、生活を懸けたプロにとっては駆け引きの相手という考え方もあるんですよ。ですから、勝負に徹してこだわる国から来た某監督は審判に異議を唱えるときの囲み方の陣形まで練習させていました。「全員が一斉に抗議したら全員にカードが出てしまうだろ。だからまず、一度全員で囲んで圧を加えろ！　そのあとは後ろ手を組んで引き下がり、キャプテンだけが前に出て意義を唱えろ！」。こういうわけです。こりゃすごいなと思いましたよ。

小幡　異議のためにですか（苦笑）。

都並　審判も相手選手同様、駆け引きの相手だという強い思いがあるんです。ただ、ボクはマリーシアやズルさがないまま成長している日本サッカーの現状は正しいと思っています。

ただし、狡猾《こうかつ》な考えでサッカーをしている国もある。その現実は知っておくべきでしょう。自分たちのチームでやろうとは絶対思いませんけど。

小幡　なるほど。知っておく必要はあるわけですね。

都並　日本代表のフィジコなどを務めたフラビオもすごかったです。昔、神戸のスタジアムはアウェーとホームのベンチが逆でした。そうしたら着いたとたんにフラビオが激怒してるんです。「ベンチが逆だろ！」と言って。どっちだっていいじゃないかと思って聞いてみたら、通常メインスタンドから見て右側にアウェーのベンチがあるんですけど、すると目の前に副審がいるじゃないですか。だからアウェーなら副審に圧力がかけられるのにベンチが逆だとそれができない、だからフラビオは怒っていたんです（笑）。そういう連中に常時、圧をかけられている審判の方は、本当に大変だと思いましたよ。

小幡　ははは（苦笑）。しかし、先ほどおっしゃっていた陣形を組んでまで囲まれたという記憶はありませんが、確かに連続して順番に抗議に来られると、誰が何を言ったかが分からなくなってしまうのは事実です（笑）。そうか、選手たちはそういうことまで考えているんですね……。

都並　ボクはそういう例をたくさんみて知っていたから、ファウルが取られにくいマークのつき方をセレッソの監督時代に選手に教えたことがあるんですよ。そしたら選手がJリーグの人に話してしまって、リーグから怒られたことがあります（笑）。Jリーグはそういう汚いプレーを排除して発展していくと。おっしゃる通りでJリーグでやってる以上、それをやっちゃいけませんでした。

小幡　あはははは。

都並　外国人監督はそういった部分にすごくこだわるから、つい覚えてしまうんですよね。福岡時代のアルゼンチン人監督（カルロス・パチャメ）は一番最初の練習がコーナーキックでのマークの付き方でした。とにかく相手と離れないように肩に手を置いて、ファー側で待っていろというんです。そして、蹴る前は審判が必ず中の小競り合いをみているから絶対にファウルするな、カードが出ると。だけど蹴る瞬間、審判は絶対にキッカーのほうをみている。その瞬間だ、背中を引っ張ってバランスを崩せ！　とまあこうです（笑）。

小幡　さすがアルゼンチン人、すごいですねえ（苦笑）。一方でヴェルディ時代のラモスさんが典型でしたが、試合中に文句を言っていてもブラジル人の方は試合後に、きちんと挨拶に来る方が多かった印象です。

都並　そうなんです。プロだから試合中は審判に圧もかけるし駆け引きもする。だけど試合が終わったらノーサイド。そういう意識が徹底しているんです。

小幡　次の試合でまた会うわけですから、そこも意識されていたのではと、推察していたんですが。

都並　もちろんそれもあるかもしれませんが、基本的には心からリスペクトしていたんだと思います。お客さん、相手選手、審判、全部仲間だと。練習試合でもラモスさんはそうでしたから。試合中は相手選手や審判にブワーッとしゃべって圧をかける。だけど終わったら笑いながら、一緒に盛り上がっちゃう（笑）。だからショーという意識があるんですね。プロのサッカー選手というのはどこにいても人にみられることを意識するんだという。

小幡　周りのお客さんを常に意識して、サッカーを面白くしようと思っていた。

都並　そうです！　それが文化に育っていくんだという意識が強かったんですね。

Jリーグ開幕戦の記憶

都並　ボクも出場していましたが、小幡さんが笛を吹かれたJリーグ開幕戦はすべてが異質でしたよね。ナイターでしたが、演出として照明が消されていて場内が始め暗かった。こっちは試合に集中しなきゃいけないんだけど、それが難しい異様な雰囲気だったことを覚えています。加藤久（元日本代表キャプテン＝当時ヴェルディ所属）さんなどは夢にまでみた舞台ということで感極まってましたし。

小幡　私は主審を務めたわけですけど、難しい試合になるのは分かっていたので、どう試合をコントロールするか大変悩んだ記憶があります。楽しみよりも不安要素のほうが勝《まさ》っていました。でも選手をみたら彼らはそうじゃない（笑）。ヴィスコンティ選手（当時横浜マリノス所属）はカメラを持ち込んで写真を撮ったりしてましたし。この人たちは楽しもうとしてるんだなぁと感心しましたよ。それにしても、あの真っ暗な中、ピッチに出ていったときの雰囲気というのは一生忘れられないですね。

都並　当時の旧国立競技場というのは、ピッチに出る直前のたまり場で審判の方たちと合流して一緒に出ていく建物構造だったんですが、そこでいつもより審判の方とコミュニケーションをとったのを覚えています。みんながうれしかったんですね。

小幡　開幕の直前の時期、ボクはマリノスさんの試合を何試合か吹いていました。一方でヴェルディさんの試合は1試合あったかどうかじゃなかったかな。元々ヴェルディの試合は難しいというイメージがあったので、この試合をどうやってコントロールしようかと、すごく不安でした。

都並　そんなにボクらは面倒でしたか（笑）。

小幡　テクニックがあって単独突破ができる選手がいるチームは難しいんですよ。カズさんにしてもそうですけど、ヴェルディの選手は個人技が高い。一方でマリノスは組織で戦っているのでプレーのイメージがしやすいのです。ヴェルディはラモスさんがどんなコースをドリブルして、どこにパスを出すのか？　そういう想定がしづらいわけです。

都並 そんなことまで審判の方は想定しているんですか!?

小幡 私はそうでした。キーマンは誰で、パスの出どころはどこか? そういうことを考えて準備して試合に挑んでいましたね。

都並 すごいなぁ。そうやって想定しておいて、何かあったときでも冷静にジャッジすると?

小幡 ええ、そうです、そうです。

都並 それ、すごいですね。ちょっと初耳かもしれない!

小幡 やはり準備しておかないと対応できないんですよ。

都並 その点、ヴェルディは準備しにくいチームだったと。トリッキーなこともやるし(笑)。

小幡 そう、トリッキー(笑)。だから難しいんです。ただ、実際に開幕戦が始まってみるとヴェルディはうまくいっていない印象でした。カズ選手が前線に張っていることができず、ボールを受けに下がってくるシーンが目立ってましたし。一方で、マリノスは水沼(貴史=当時横浜マリノス所属)さんを始め中盤の選手たちが自由にやっている印象でした。

都並 ちょうど最近、ネット動画で水沼さんとJリーグ開幕戦の解説をしたんです。そのとき、水沼さんに聞いて笑っちゃった話があります。本来、右サイドハーフの水沼さんと左サイドバックのボクはマッチアップする関係なんです。日本リーグ時代からいつも勝った負けたとやり合ってきた。だけど、試合が始まったらマークする水沼さんがいないんです。左サイドに行ってるんですよ。なぜかといったら、こういう特別な試合だから、都並のようなヤツはガッと激しく来るのが分かっていたと。だから逃げてたんだって（爆笑）。

小幡　はははは。

都並　「オレのマークがいない!?」って迷っちゃって（笑）。ボクは攻撃的なサイドバックではあるんですけど、通常、試合にはディフェンスから入るんです。だけどディフェンスする相手がいない。ようやく20分を過ぎたあたりで水沼さんが右にポジションを取るようになった。「やっと来たよ」と思っていったら前半28分、名誉あるイエローカード第1号ですよ（笑）。水沼さんがボールを晒《さら》してきたんで、ちょうどいいやと思って行くじゃないですか。そしたら水沼さんも来るのが分かってるから、スッと逃げられて、あとは誰が見ても完全なイエローです。

小幡　あれは私としては本当に助かりました！　誰がみても文句の出ない、非常に分かりやすいイエローでしたから（笑）。

都並　あのとき、ぼくはカードを出されて、ペコリとお辞儀しているんですよ。それには理由があって、審判は試合の秩序を守るリスペクトすべき存在だから、自分の哲学として審判の方に抗議はしないことを決めていたからです。ボクは日本代表2試合目で乱闘退場してしまった人間で、そういうことは国のためにもならないし、チームのためにもならないと痛感した経験があります。だからファウルが見つかったら素直に謝る。その代わりみつからない状態ではやらせてもらいますよと（笑）。

小幡　ははは。でもお辞儀をされて審判としては安心したのも事実です。〝明らかなカード〟だと理解してくれたんだなと。それと、あのとき、さすがだなと思ったのはカズ選手の行動。ファウルのあと、ピューッと審判と選手の間に走ってきたんですよ。間に入ってカードを出されないようにしたんです。でもちょっとだけ到着するタイミングが遅くてカードを私が出したあとでした。そしたら直ぐに戻っちゃいましたけど（笑）。カズ選手はそういう行動が多いんです。

都並　彼は仲間を助ける意識が強いんです。間に入って審判の方に躊躇《ちゅうちょ》させ、それでカードが出なかったらラッキー。それもまた駆け引きですよ。

小幡　逆に審判からすると、あの試合は本当に何もしなくてよかったという印象です。選手たちが自ら進んでゲームを進行させていた。ファウルをしてもすぐに次のプレーに移ってくれました。開幕までは文句を言われたりして時計を止めることもありましたが、あの試合はどんどん動くんです。

　こちらとしては流れを切らないようにアドバンテージを取ったりして背中をちょっと押してあげるだけでよかった。言い方は悪いけど、勝手に選手たちがやってくれた試合。そんなことを覚えています。とはいえ大変注目されていましたから、早く終わってくれとは祈っていました。

都並　審判としてはミスジャッジも嫌でしょうけど、もめたり、それが長引くのも嫌なものでしょうね。

小幡　まさにその通りです。しかも開幕戦ですから。

都並　いいゲームにしなきゃいけない。

小幡　はい。

都並　選手はそんなこと考えてないから（笑）。

小幡　（苦笑）。でも、試合の途中から「これはもう、いい試合になった」という確信はありましたよ。スコアも２対１で、合計で３つのゴールが生まれたというのはやはり大きかったですね。

Ｊリーグが始まって変わったこと

小幡　リーグが始まって一番変わったのは試合数が増えたことです。開幕当時は水曜と土曜にリーグが開催されていましたが、審判の割り当てが水曜・土曜の両方にくることはなく、だいたい１週間に１試合。それでも日本リーグ時代は１カ月に１試合程度でしたから劇的な変化です。ただし当時のＶゴール方式（サドンデスの延長戦）は、プレッシャーが相当ありました。

都並　そうだったんですね。選手からしてもアウェーでＶゴールで負けると最悪でした。特に当日移動できない地方へ遠征して後泊だと、疲れは4倍5倍に感じられました。

小幡　そうでしょうね（笑）。審判の立場としてはVゴールだと常に縦一本で得点を狙ってくるので、走る距離は長くなりますし、息をつく間がないんです。また、得点を狙って際どいプレーが増えるとミスジャッジの確率も高くなる。これはしんどい（苦笑）。だから気持ちとしては「早くきれいなゴールを決めて終わってくれ」ですよ。ゴールを外した選手に「何でその決定機を外しちゃうのよ」と思ったこともありました（笑）。

都並　わははは。あとはプロになって生活が懸かってくると、審判の方との関係も変化が起きましたね。プロになるということはクビになって生活できなくなる人がいるということです。すると人間のギラギラした部分が出てくる。今のJリーグはお互いリラックスした雰囲気でゲームを一緒に作っていますが、当時は難しい部分もあったんじゃないですか？

小幡　難しい部分もあったとは思いますが、試合が増えると笛を吹く回数も増える。するとコミュニケーションする回数も増えるわけです。ですから、選手と話す機会は増えたと思います。試合中に選手とぶつかってしまった際などは、「ごめんなさい」と謝ったりして、そういうやりとりの中で選手といい関係が作れていった気がします。

都並　それは小幡さんが経験があるからですよ。プロになった、試合が増えた、すると下から新しい審判がどんどん上がってくるじゃないですか。当然まだうまくない人もいる。ニコニコしながらやってくれればこっちも怒る必要なんて全然ないのに、コミュニケーションが下手だなぁという人はいたと思います。

小幡　やはり、審判とのコミュニケーションや関係は、選手も意識しているものですか？

都並　やっぱりしますね。確かに存在自体を意識させず、試合をコントロールして、終わったときに「あの審判うまいなぁ」と思わせるのが名人なんだと思います。ところが存在感を前面に出してくる方がいるんですよ。そうすると選手もイライラしてしまう。とはいえ、ボクは審判の方に文句を言いませんでしたが。

小幡　たしかに一口に審判といっても人それぞれという部分はあります。審判の面白さ、難しさはいかに自分なりのやり方でゲームをコントロールしていくかですしね。自分なりのやり方を選手たちに分かってもらうと、そこから先は簡単なんです。でも分かってもらうまでが難しい。ちょっとしたボタンのかけ違いでズルズル引きずってしまうこともあります。

都並　選手同士でも、「あの審判はイライラさせちゃダメ」といった話はしょっちゅうしてましたね。本当に人それぞれだから。小幡さんはいつも試合全体を見渡しているんですよ。全体をみてコントロールしている。でも、マニュアル通りにやるのが精いっぱいという人もいるんです。そしてそのレベルじゃプロ相手には見透かされるんですよ。「お前もう、目いっぱいじゃん」って（笑）。実はこれ監督業もまったく一緒なんですが。

小幡　へぇ、選手同士で「あの審判は――」、といったことも話すんですね。

都並　さすがにチームとして審判の傾向を分析したりはしませんでしたが、選手同士ではします。カズやラモスさんは、やはり分析が長《た》けていましたよ。カズなんて自分のことだけやってるようにみえて、実は全体をみて把握してますから。結局、選手としてのレベルが高いということは、相手が何を考えてどう動くかが分かるということなんです。したがって審判をみる目も同じなんです。相手に余裕があるかないかがすぐに分かる。

小幡　大事なのは余裕をみせることなんですよね。それはよく分かります。こっちも試されてるなという感覚はいつも持っていました。特にラモスさんは難しかったですねぇ。とりあえず何か言ってくるから（苦笑）。

都並　とりあえず何か言う。そして相手にされないと勝手にすねちゃう（笑）。ファウルを取られたらとにかく何か言うんです。ただし、本当は自分が悪いと思っているときと、そうじゃないときがある。あの使い分けがまた、なかなか重要なんです（笑）。

小幡　ヴェルディだと柱谷（哲二）選手なんかは同じ京都出身で若いときからよく知っている間柄。だからコミュニケーションも円滑にいきましたね。選手とのコミュニケーション時に注意していたのは、誰のところに行って話をすれば、チーム全体がまとまってくれるか。別にキャプテンじゃなくてもいいんです。この選手のところへ行って話せばチームがだいたいまとまるという選手と話す。当時のヴェルディでいえば北澤（豪）選手。マリノスだったら野田（知）選手などがそうでした。北澤選手や野田選手は冷静なんですよ。だから、しゃべりやすい。反対にすぐにカッとなる選手もいましたから。

都並　試合のときは熱くなって人が変わっちゃうんですよね。普段、心が優しい思いやりのある選手に限って、試合になるとレッドゾーンまで一気にいってしまうタイプだったりするんです。ベルマーレに昔、クラウジオという外国人選手がいましたが、彼はその典型でした。いつもは超いいヤツなんです。だけど試合中は本当に頭に血が上って「許せーん！」ってなっちゃう。そしてカードをもらって、試合後にいつも泣くんです（苦笑）。チームメートに「迷惑をかけてごめんなさい」って。

小幡　審判もほかの審判員から聞いたりして、そういった選手個別の情報はある程度把握していました。

都並　本当は熱くなる選手には、審判の方も一拍タイミングを待ってほしいんですよね。怒りが頂点に達したタイミングだけ待ってくれれば落ち着いて話ができるんで。

小幡　審判も情報は把握しても悪い先入観は持たないようにしないといけませんね。瞬間湯沸かし器のような選手なら、ちょっと水入りのタイミングを作ってあげるとかそういったことが大事になってくるでしょうし。

都並　それがうまい審判とそうでない人の差でしょうね。それで試合のコントロールは全然変わってしまう。細かいことを何度も言われるとカッとなってしまう人もいるので。

外国人選手&審判と日本サッカー

小幡　Ｊリーグが始まって有名な外国人選手がたくさん来ました。私は本書でも紹介した有名な失敗エピソードがあるんですけれども（苦笑）、都並さんはそういった方々に対して何か印象に残っていることはありますか？

都並　ジーコさんは試合中熱くなる方でしたね。あぁ、ラモスさんと同じだな、ブラジル人は熱くなるととことんいくな。そう思いました。あとはやはり、ボクもストイコビッチです。狡猾さが世界レベル！　観客も審判も騙されますよアレは。あるときペナルティーエリアの中でボクは押してないんだけど、ちょっと触ったらパーンと倒れてＰＫを取られました。

小幡　はい、はい（笑）。

都並　当然「全然押してないよー」となるわけですが、でも、これには伏線がある。その前のプレーでボクは２～３回、彼に結構強く当たってるんですよ。でも彼はグッと踏ん張って倒れない。その踏ん張っているプレーを審判もちゃんと見てるんです。しかし、次のプレーでちょっと触った瞬間に倒れた。だから審判も騙されちゃうんです。駆け引きなんですよ。もう納得するしかない。確かにずるいプレーです。だけどこれに負けちゃいけないなと思いましたよ。昔ベッケンバウアーは相手がPK狙いで倒れたら、自分も一緒に倒れることでレフェリーに対して倒した悪いイメージを和らげるプレーを選択してましたから（笑）。

小幡　ははは！

都並　そこで審判の方に文句を言うようじゃ成長できない。誘いファウルですからアリ地獄みたいなものですが、あれが世界なんです。まあ勉強になりました。

小幡　審判の私からするとジュビロ磐田のドゥンガ選手も対応が難しい選手でした。しょっちゅう怒っているんで、味方に怒っているのか審判に怒っているのかが分からない（苦笑）。でもそれが彼のスタイルでもあるから。

都並　磐田のドゥンガ、鹿島のジーコ、名古屋のストイコビッチ　そういう人たちが本当にプロの意識っていうのを徹底的に植えつけていきましたね。それによってチームもすごくよくなるケースが多かったです。

小幡　確かにそうでした。そして審判からすると、当時来た外国人選手は、それまでの日本人にないものを持っていたから騙《だま》された印象も強いですね。開幕当時、名古屋で10番をつけていたジョルジーニョ選手もそうでした。試合の終盤にファウルを取ったら、「今日のお前は素晴らしいレフェリングだ」とかいろいろ言ってくるんですよ。褒められてるのでつい聞いて答えてしまうんですが、実はそれが遅延行為目的なんです（笑）。こちらが気づかず生真面目に対応してる間に、どんどん時計の針が進んでいくという仕掛けです（苦笑）。

都並　あの人はうまそうだからなあ。

小幡　審判の気持ちがよく分かってるんですよね。英語かポルトガル語か日本語か忘れましたが、ちゃんとこちらが分かるように優しくしゃべってくる。うまいですよ。

都並　当時は外国人審判の方もいましたよね。

小幡　いました。印象的だったのはゾラン・ペトロビッチ[※2]さんですね。日本のために何か残していきたいという気持ちが強い方でした。逆に南米から来たある審判の方は自分のことしか考えていない感じでした。総じてヨーロッパから来た方々は丁寧に日本人審判に教えていこうという感じがありました。

都並　レスリー・モットラム[※3]さんなんか、いつもにこやかでうまいなあと思いました。

小幡　外国人審判の方には、来日当初に講義やレクチャーをしていただきましたが、勉強になりました。ボクは主審ですから、直接コミュニケーションをとる機会があまりないんですよ。副審なら同じ試合で見ながら学べますが。ですからレフェリーチーム内でのコミュニケーションの取り方や、選手やベンチとのやりとりなどを学べる講義の場は貴重でした。

都並　ボクは外国人審判の人と一緒になった試合が少ないんですが、コミュニケーションがう

※２…1994～97年、Ｊリーグで主審を務める。94・96年にJリーグ最優秀主審賞を受賞
※３…1996～2001年、Ｊリーグで主審を務める。1998～2001年にＪリーグ最優秀主審賞受賞。02～05年はJFA審判チーフインストラクターも務める

まかったです。今は日本人の審判の方もとてもうまいが、海外の審判員は伝統的にコミュニケーションを重視してきたのだろうなという印象が残っています。雰囲気を締めたり、リラックスさせたり、しゃべったり毅然としたり。そういう抑揚のつけ方がとてもうまかった。

小幡　ファウルの取り方一つみても優秀でした。特にJリーグが招聘《へい》している方というのは、海外でも上のレベルに到達した審判として評価されている方なので、どっちかというと選手は手のひらに乗せられてる感じだったのではないでしょうか？

都並　そうですね。確かに、日本サッカーも急激に成長はしている。だけれど世界はもう100年プロサッカーをやっているんだから、その蓄積には負けるんです。それは当然です。でも日本は習ったことを吸収して自分の身につけ、さらにアレンジしていくのはメチャクチャうまい。世界は日本サッカーの成長に驚いてると思いますよ。この25年で50年分ぐらいのことをやってますから。

試合は選手と審判が一緒に作るもの

都並　ボクは審判の方に文句を言わないというスタンスでやってきたんですが、相性の悪い審判の方はいました。

小幡　審判もチームとの相性はありますね。自分が笛を吹くといつもこのチームは負けるとか勝つとか。でも、その理由はレフェリングの特徴とかそういったものではないんです。完全に巡り合わせとしか言いようがない。そんなものを感じます。

都並　もちろん運とか相性といった要素は副次的なもので一生懸命やってないといい方向にはいかないし、ダメなものはダメなんですよ。ただ、最後の最後で優勝するようなチームは不思議と見えない力に守られているような瞬間があるんです。相手が信じられないミスをして決定機を外したりとか。

小幡　そういうものなんでしょうね。

都並　ええ、だからツイてるとかツイていないとかは、もうしょうがないってボクは選手たちに言ってます。そして不運に感じられるジャッジだってシーズンをならしてみたらトントンなんですよ。必ず相手にも不運なジャッジは起こります。だから審判の方に文句を言ってもしょうがない。今、監督をやってる浦安には地域に愛されるクラブという理念があります。だとしたら文句ばかり言ってるチームが愛されるのか？　という話ですね。ただ、昔の日本リーグ時代、審判は教員の方が多かったので物すごい上から目線だったんです。「お前ちゃんとしろ！」みたいな感じで。それに比べると、今は選手も審判もお互いリラックスしながらコミュニケーションをとってやっている。やりやすくなったと思いますね。

小幡　先ほども言いましたが、外国人の方が指導に来られるようになって、レベルも成長速度もすごく上がりました。今まで内輪でやっていたものが、外部から刺激を受けることで一気に加速したのでしょう。やはり目の前でみられるというのが非常に大きかった。さらにプラスして、いろいろな国の審判が来られたことも見逃せません。ヨーロッパと南米では審判の特徴も変わってきますので、多様な手法を学び、実際に取り入れることができました。審判同士も勉強会を開いたりして、連携も増えましたしね。

都並　Ｊリーグができたことで、審判の方も成長したということですよね。それは選手も一緒で飛躍的な成長につながったことは間違いないです。日本リーグの時代も１００パーセントでやっているつもりだった。でも最高に気持ちを入れ、サッカー以外のすべてを捨ててやっているときは、コンディションからして全然違うんです。コンディションが変わればキックも正確になるし体も動くわけです。さらにボクは代表もあったので一層成長させてもらったと思います。

　それから、審判の方に関連するところでは、プロってすごいなと衝撃を受けたエピソードがあります。それはネルシーニョ監督（１９９４年にヴェルディのコーチに就任、後に監督）。彼はＪリーグが実施していたルールテストで毎回１００点満点を取るんです！　実は選手ってちゃんとルールを分かっていなかったりするんですけど、プロフェッショナルの監督というのは、ここまで徹底しているのかと思いました。ルール変更まで細かく全部把握しているわけです。

小幡　ルールテストはたしかJリーグが開幕して数年後から実施したんだったと思います。おそらく95年か96年ぐらいからですかね。その後、ビデオを作成して、それを毎年きちんと更新していくという体制になるのですが、そこまで10年近くかかったんじゃないかな。ただ、最近はJリーグの監督の方と審判の方の接点が少なくなっている気がしてます。以前は監督と審判の会議などもやっていたんですが、一堂に集まってという会議はもうやってないんじゃないかな。そういった場をもう少し設けてもいいような気はしますね。

都並　絶対やったほうがいいですよ！

小幡　審判がクラブに派遣されてお話しする機会は、今もあると思うのですが、さすがに審判全員と話す機会はないと思うんです。でも、誰かこの人と話したいといったこともあるでしょうし、コミュニケーションの機会は多いほうがいい。実際、こうやって都並さんのお話を聞いていても「なるほどなぁ」と思うことがたくさんありますから。

都並　それは本当にお互いそうだと思います。さっきお聞きした、審判の方はチームの特徴やキーマンを想定してイメージトレーニングをされて試合に臨んでいるとか、今日は初めて知ったことがたくさんありました。今は選手も審判の方も心技体の面でとても成長してコミュニケーションも増えましたが、みんなで盛り上げていく意識はとても大切だと思います。選手もJリーグを盛り上げていこうという意識を今はみんな持っているし、審判の大切さも理解できるようになった。最初はお互い敵みたいに考えていた時期もあったかもしれませんが（苦笑）。

ボクは世界の素晴らしいスタジアムでたくさん試合をみてきましたけど、Jリーグの安全で老若男女が楽しめる雰囲気というのは絶対に大事にしなくちゃいけないと思うし、そこで行われる試合は選手と審判が一緒に作っていくんだという意識をいつも持っていなければいけないでしょう。

小幡　選手だけでも、審判だけでも試合はできないわけですからね。どうでしょう都並さん、これを機に審判も何人か育ててみませんか？

都並　あははは！　審判をやりたい人も増えてきたから、それもいいかもしれませんね！

都並敏史（つなみ・さとし）
1961年、東京都生まれ。ジュニア時代から読売クラブ（現東京ヴェルディ）の下部組織に所属し80年にトップチーム加入。95年まで主に左サイドバックとして同クラブの躍進を支える。その後はアビスパ福岡、ベルマーレ平塚でもプレーし98年に引退。日本代表にも19歳から選出され、国際Aマッチ78試合出場・2得点と一時代を築いた。引退後はヴェルディユース、ベガルタ仙台、セレッソ大阪、横浜FCの監督を歴任。14年に浦安SC（現ブリオベッカ浦安）のテクニカルディレクターに就任し、18年からは監督に。海外サッカーにも精通し、解説者としても人気を誇る。

コラム③
今後の審判に求められるもの

審判の役割は大きく変わってきています。選手や観客の求めるものが高度になっていることも理由の一つです。さらに、サッカーの質を高める意味において審判の一つの笛、一回の旗の合図の持つ意味は重くなっています。審判チームのゲームコントロールがサッカーにおける魅力の発展にもつながります。今後さらに映像技術の進化、カメラの台数の増加などによって、より細かな部分に焦点が当てられ、判定の正誤が求められるかもしれません。

しかし、サッカーは人がプレーし、人が裁くという基本はしばらく変わらないと思います。どんなにテクノロジーが発達しても、最後は人である審判が決めるのだと思います。

その人が信頼されるかどうか、任せられる人かどうか。単なる人間性だけではなく、身体的・精神的・社会的な準備を心がけること、グラウンドで100パーセントの力を発揮すること、ゲーム後にいろいろな側面から正しくフィードバックすることなどが求められるでしょう。特に、さまざまな情報を獲得することに加えて、その情報を整理し、優先順位をつけて、その時々に必要なものを選ぶ作業が求められます。自分の中で変化をいつも求め、前向きにチャレンジしていくことが大切です。

紆余曲折はあるでしょうし、試行錯誤の連続かもしれません。しかし、それが「審判」を楽しむための一つでもあります。自分だけが100点満点を目指すのではなく、その試合に関わったすべての人が「今日の試合はよかった」と振り返ることを目指し、サッカーファミリーを増やしていきましょう。皆さんも一緒に。

ロックの会
メンバー紹介

ロックの会とは？

２０２０年５月、現会長の永松氏が３月末日をもってＪＦＡ１級審判インストラクターを定年で退いたことを受け、その慰労をウェブ会議システムで行おうと柳澤氏と小幡氏が有志に声をかけて集まったのが始まり。その慰労会が行われたのが同年６月９日であり、ロック（岩）のようにいつまでも固い絆で結ばれている仲間であるという意味も含めて名づけられた。毎月１回、ミーティングを開いて近況報告やサッカー談義に花を咲かせている。
本書では第１章のエピソード提供、第２章執筆を担当した。

❶生年❷所属都道府県協会❸１級審判登録期間❹ひとこと(本書作成の感想、読者へのメッセージ、現役時代の回想など)

梅本博之 うめもと・ひろゆき
主審

❶1954年❷大阪府❸1986～2003年
❹自分は問題を起こしていないと思っていましたが、レフェリングや手続きでとんでもない間違いやハプニングをやらかしていることに気づき、大きな問題にならなかったことにホッとしています。「こんなバカなこともしとってんなあ」と笑っていただければ幸いです。

大西弘幸 おおにし・ひろゆき
主審

❶1963年❷兵庫県❸1996～2013年
❹思うようにできないことが多いでしょうが、失敗にくじけず、ポジティブに勇気を出してやってもらいたいです。その先に得られるものはきっとほんのり温かいものです。この本を読んでいただき、ほくそ笑みながら「自分も頑張ろう！」と思っていただければ幸いです。

小幡真一郎 おばた・しんいちろう
主審

❶1952年❷京都府❸1985～2001年
❹多くの失敗を通して、たくさんの選手・仲間などに助けられ、学ばせてもらいました。今回、その当時を振り返り、自分を見つめ、何を目指しているのかを少し発見できました。何もやらなければ何も身につかないと思いますので、日々チャレンジしたいですし、学んだことを引き継いでいきたいです。
＊第２章P144~175･204~225、コラムなどを執筆

片山義継 かたやま・よしつぐ
主審

❶1959年❷京都府❸1989～2009年
❹目につきにくいことや注目されなかったことなど、探していけばもっといっぱい面白いことがあったのでしょう。今思えば、すべてを審判に任していただいたよい時代でした。

廣嶋禎数 ひろしま・よしかず

副審

❶1962年❷大阪府❸1991～2008
❹副審をする上で、私が意識していたことなどを記載させていただきました。この本を手に取ってくださった皆さまの審判理解や、実際に審判活動をされている方の一助になれば幸いです。

＊第２章 P176～203を執筆

南 浩二 みなみ・こうじ

副審

❶1956年❷島根県❸1992～2006年
❹審判を経験し、多くの苦い経験がありましたが、一つひとつの場面が懐かしく、多くの人たちとつながり、社会的な側面で非常に役立ち、今、豊かな人生を送ることができています。

柳澤和也 やなぎさわ・かずや

副審

❶1956年❷兵庫県❸1989～2006年
❹ピッチ（現場）で最も意識したいことは「事実」との向き合い方だと思います。事象やアピールなどを推測や憶測で物事を判断したり行動を起こしたりすると痛い目に遭います。興奮すると視野が狭くなり、自分の都合のよいほうにとってしまいがちです。そんなことのきっかけにしていただけると幸いです。

山城 大 やましろ・とおる

副審

❶1956年❷熊本県❸1992～2003年
❹審判割り当てで各地域に審判仲間ができたこと、またいろんな人と出会い意見交換したことで人間として成長させてくれたと思っています。

田邊宏司 たなべ・ひろし

主審

❶1959年❷山口県❸1991～2009年
❹アマチュアリーグからプロリーグに変わっていく時代に審判としてサッカーに関わり、いろいろな出来事が起こったことによって、正しい方向に整理できるチャンスが得られたと考えています。

谷内浩仁 たにうち・こうじ

副審

❶1957年❷富山県❸1985～2007年
❹審判活動を通していくつもの失敗をしましたが、よき仲間たちとめぐり逢うことによって乗り越えられたと思っています。また、日本のトップレベルのゲームに特等席で携わることで自分の人生が豊かになりました。一度しかない人生です。一つひとつ前向きにとらえてみませんか。

永松常徳 ながまつ・つねのり

主審

❶1949年❷大分県❸1979～1997年
❹本書を読んだ人たちが審判を理解し、あるいは審判を目指していただければ、当時私たちを支えていただいた多くの人々に少しでも恩返しができるように思います。

濱名哲也 はまな・てつや

主審

❶1953年❷埼玉県❸1988～2002年
❹振り返ると、思い出せなかった失敗は数え切れません。仕事や家庭でのやりくりや人間関係などでいろいろな葛藤もありました。ただ、すべてがプラスとなる貴重な経験となりました。サッカーは楽しい。審判も楽しい。

おわりに

20世紀後半、日本リーグ（JSL）からJリーグ草創期を支えた審判活動での失敗談やエピソードを書き記すことによって、審判の魅力や面白さなどを広く知っていただくとともに、審判活動に関わる仲間への提案になったならば幸せです。

過去、審判員の判定に対してメディアや第三者から批判的に取り上げられることはありましたが、審判員自らが経験したレフェリングに関わる失敗談やエピソードを発信しているものは少ないと思われます。

「うっかり」「思い込み」「テクニカルなミス」「アクシデント」など多岐にわたっており、細かな周辺情報はおぼろげなものもありますが、当時の状況が鮮明に思い出され、「やってしまった」という恥ずかしい思いとともに、多くの方々に支えられて「よく続けられたな」と感謝しています。そして、審判活動で起こった出来事や、審判活動で与えられた出会いの意味を「解釈する力」を養わせていただいたことにも感謝しています。

週末にはどこかでゲームがあり、必ず審判が派遣されています。審判もサッカー仲間の一人ですが、審判はうまくやって当たり前で、「ありがとう」と言ってもらえることはあっても、両方のチームから「よかった」と言ってもらえることは数少ないように思っています。

自分自身でも、「今日は完璧にできた」というゲームは思い出せないくらい、ほんのわずかです。皆さまが、そのような審判に関心を持っていただき、「そんなことがあったのか」「実はそうだったのか」

ということを感じ、「あるある」「そうそう、気をつけなくては」と思っていただければ、エピソードの主であるロックの会のメンバーは大変うれしく思います。

本書が多くの方々に勇気を与え、レフェリングの助けになればうれしいですし、審判を少しでも理解していただき、「審判もサッカーを楽しみ、よくしたいと思っている仲間の一人である」ということを少しでも意識していただけることを願っています。

本書を作成するにあたり、選手・指導者として長らく活躍されている都並敏史氏には対談でユーモアを交えながら審判にエールを送っていただき、心よりお礼申し上げます。そして、エピソードでのそれぞれの語りを根気よく文章に起こし、分かりやすく編集していただいた星野有治氏、絶妙のイラストを組み入れて場面の再現をしていただいた千田純生先生、今回このような出版の機会をいただきました株式会社カンゼンの高橋大地氏にも感謝申し上げます。

また、副審に関して自らの経験を基に実践的な技術を解読していただいた廣嶋禎数氏、自分の失敗談を包み隠さず話してくれたロックの会の皆さんの協力なくして本書は成り立たなかったことも付記させていただきます。

そして、本書の作成だけでなく、日ごろ私たちの審判活動を支えてくださっている多くの方々にお礼を申し上げるとともに、「サッカーと審判の魅力」や「レフェリングの奥深さ」について、これからもロックの会の仲間と一緒に伝えていきたいと思っています。

２０２１年10月　小幡真一郎

編著
小幡真一郎（おばた・しんいちろう）
1952年、京都府生まれ。東京教育大（現筑波大）卒業後、母校である京都教育大学附属高で教諭を務める傍ら、京都紫光クラブ（現京都サンガF.C.）でプレー。29歳で現役を退き、85年に1級審判員、92年に国際審判員となる。93年5月15日のJリーグ開幕戦（V川崎－横浜M）で主審を務めるなど2001年まで国内の第一線で活躍。以降は後進の指導にあたり、JFA審判チーフインストラクター、AFCアセッサーなどを歴任。13年にはAFC功労賞ブロンズスターアワードを受賞。18年からは筑波大大学院にてレフェリー活動の研究を行い修士号取得。現在もアセッサーや専門学校での学生指導、ゼミの主宰(*)など精力的に活動を続ける。
＊「17条とコモンセンス」主にオンラインで実施
Twitter：@17commonsense

イラスト
千田純生（ちだ・じゅんせい）
1981年7月8日生まれ、岩手県出身。漫画家。『蹴児（けりんじ）』（月刊少年マガジン）、『フィールドの花子さん』（月刊少年マガジン）、『FC6年1組』（集英社）など多くのサッカー漫画を手がける。自身も横浜F・マリノスのサポーターでサッカーフリークである。SNSにアップするサッカー日本代表やJリーグに関する投稿が話題となっている。
Twitter：@chidajunsei3163

エピソード協力：梅本博之、大西弘幸、小幡真一郎、片山義継、田邊宏司、谷内浩仁、永松常徳、濱名哲也、南浩二、柳澤和也、山城大
第2章（副審パート）執筆：廣嶋禎数
（以上、ロックの会）
構成：スポーツX株式会社
カバーデザイン：渡邊民人（TYPEFACE）
本文デザイン・DTP：スポーツX株式会社、黄川田洋志・井上菜奈美・中田茉佑・有本亜寿実（有限会社ライトハウス）
編集協力：山本浩之、スポーツX株式会社
編集：高橋大地（株式会社カンゼン）

しくじり審判　失敗から学ぶサッカー審判の教科書

発行日　2021年10月26日　初版

編　著　小幡 真一郎
発行人　坪井 義哉
発行所　株式会社カンゼン
〒101-0021
東京都千代田区外神田2-7-1 開花ビル
TEL 03（5295）7723
FAX 03（5295）7725
http://www.kanzen.jp/
郵便振替 00150-7-130339

印刷・製本　株式会社シナノ

ISBN 978-4-86255-617-2

Printed in Japan
定価はカバーに表示してあります。

本書に関するご意見、ご感想に関しましては、kanso@kanzen.jp までEメールにてお寄せください。
お待ちしております。